Der heilige Nikolaus

Annäherungen aus Geschichte, Legenden und Theologie

Thomas Schumacher

Der heilige Nikolaus
Bischof von Myra

Annäherungen aus Geschichte, Legenden und Theologie

PNEUMA VERLAG

Thomas Schumacher

Der heilige Nikolaus Bischof von Myra
Annäherungen aus Geschichte, Legenden und Theologie

Umschlagbild: Ikone des Heiligen Nikolaus, Ausschnitt (bearbeitet)
aus: Der heilige Nikolaus umgeben von Christus und zehn Heiligen
10. Jhd., Katharinenkloster

Bibliographische Information
der Deutschen Nationalbibliothek

Die Deutsche Nationalbibliothek verzeichnet diese
Publikation in der Deutschen Nationalbibliographie;
detaillierte bibliographische Daten sind im
Internet über http://dnb.d-nb.de abrufbar.

Hergestellt in der Europäischen Union – Printed in EU

ISBN 978-3-942013-46-8 (Print)
ISBN 978-3-942013-47-5 (ebook)

www.pneuma-verlag.de

Inhalt

Einleitung

Kaum ein Heiliger erfreute sich durch die Jahrhunderte einer größeren Popularität und Verehrung als der heilige Nikolaus. Wer aber ist Nikolaus eigentlich gewesen?

Die Spurensuche in der Antike trifft auf eine zu Beginn des 6. Jhd. in der Provinz Lykien in Kleinasien sowie in Konstantinopel bestehende Heiligenverehrung sowie auf eine bedeutende Legende, in der diese Verehrung zum Ausdruck kam und die zur Ausbreitung der Nikolaus-Verehrung wesentlich beigetragen hat. Etwas historisch Belastbares aber lässt sich über das Leben des Nikolaus nicht ausmachen: keine Daten, keine Fakten, keine großen Taten, kein Lebenslauf.

Dass Nikolaus aber kein fiktiver Heiliger gewesen ist, sondern dass dieser Mann tatsächlich gelebt hat, zeigt sich insbesondere daran, dass man sein Grab bewahrte und verehrte. Nicht bestimmte besondere biographische Taten sind es also gewesen, darin besteht ein Unterschied zu anderen Heiligen, die Nikolaus als irdischer Mensch vollbracht hätte und für die man ihn verehren würde; nicht besondere Tugenden oder ein heroischer asketischer Kampf wie bei den Mönchsheiligen. Daher kam seiner irdischen Vita keine Bedeutung zu. Besondere Charakteristika in Person oder Biographie oder Schwerpunkte seines irdischen Handelns spielten bei der Entstehung der Nikolaus-Verehrung zumindest keine derart wichtige Rolle, dass man diese überliefert hätte. Die tatsächliche Vita des Nikolaus blieb somit verborgen.

Wichtig für die Hochschätzung des Nikolaus war vielmehr etwas anderes: In der Kirche hatte sich der Glaube Bahn gebrochen, dass die Märtyrer, die mit Christus gleich geworden sind im Tod und die mit ihm nun bei Gott im Himmel verherrlicht sind, dass diese ihren Brüdern und Schwestern auf Erden weiterhin verbunden sind und deren Anliegen fürbittend vor Gott tragen. Bald nach dem Ende der Christenverfolgungen weitete sich der Kreis jener verehrten Heiligen und man bezog u.a. Asketen darin ein, die analog zum blutigen Martyrium zeit ihres Lebens im Kampf gegen die Versuchungen widerstanden haben. Es waren Gestalten wie der Mönch Antonius, aber auch andere Typen wie Martin von Tour, die man als bei Gott Vollendete ansah. Vermehrt wurden zudem Bischöfe als die Nachfolger der Apostel diesem verehrten Kreis der Heiligen zugerechnet. Im Kontext der Christianisierung Lykiens und der Abgrenzung gegen heidnische Götter und Kulte ist de facto auch Nikolaus die Verehrung eines Heiligen zugewachsen.

Warum? Vermutlich hatte es im Leben des Nikolaus als Bischof von Myra wohl Ansätze dafür gegeben, dass die Menschen ihr Vertrauen auf den im Himmel geglaubten Nikolaus setzten und gerade durch ihn Hilfe von Gott erhofften. Möglicherweise hat er sich, als er Bischof war, für unschuldig Verurteilte eingesetzt und sie vor dem Henker bewahrt – die Nikolaus-Legende baut auf dieses Grundmotiv zumindest auf. Ein historisches Wissen darüber steht jedoch nicht zur Verfügung.

De facto hat sich bei den Christen in Lykien der Glaube manifestiert, dass Nikolaus vom Himmel her Hilfe in aller Not erbringen könne, und dieser Glaube wurde wohl nicht enttäuscht, sondern immer weiter genährt. So hat der Prozess der Christianisierung in Lykien zugleich wie ein Katalysator gewirkt und den Namen des Nikolaus groß gemacht.

Hand in Hand ging die Nikolaus-Verehrung mit der Entstehung und Verbreitung der Nikolaus-Legende, der sog. »Prãxis« von der Rettung der drei Offiziere, in deren erstem Teil erzählt wird, wie drei weitere unschuldig Verurteilte durch das Eingreifen des Nikolaus vor dem Tode bewahrt wurden. Eine mögliche historische Wurzel im Leben des Nikolaus für die Entstehung dieser Legende muss dahingestellt bleiben.

Ein weiteres Element aber ist in der Legende dargestellt, das sich für die Etablierung der Nikolaus-Verehrung als wesentlich erwiesen hat: In der Legende kam über den Aspekt der Rettung hinaus vor allem auch die Auffassung zum Ausdruck, dass Nikolaus bereits auf Erden einen verklärten Leib entsprechend dem himmlischen Vollendungsleib gehabt haben müsse, weil er nur so dem Kaiser und anderen fernab im Traum habe erscheinen können.

Insbesondere war es die Vorstellung von einer gewissen Einheit himmlischer und irdischer Existenz zugleich, welche aus der damaligen Sicht die Besonderheit der Nikolaus-Verehrung im Unterschied zu anderen Heiligengestalten ausmachte. Nikolaus wurde zu einem »Über-Heiligen«.

Insofern hat die Erzählung von der »Prãxis« das Wesen der Nikolaus-Verehrung auf den Punkt gebracht, dass nämlich Nikolaus noch auf Erden lebend bereits ein himmlischer Mensch, ein Verklärter gewesen, sein irdisches Leben von der himmlischen Verklärung durchdrungen gewesen sei. Seine himmlische und seine irdische Existenz sind in der Nikolaus-Verehrung voneinander nicht zu trennen. Man verehrte Nikolaus als einen himmlischen Heiligen, der weiterhin auf Erden wirkte, während dessen früheres irdisches Leben bereits vom himmlischen durchdrungen war. Dieser Grundzug blieb für die Nikolaus-Verehrung prägend.

Nikolaus galt also als Himmelsbürger und Erdenbürger gleichermaßen. Darum war niemand besser disponiert als er, um sich in der Not an ihn zu wenden und durch ihn Hilfe von Gott zu erfahren. So wurde Nikolaus als Heiliger überaus populär.

Im Bilderstreit (726-843) stand der heilige Nikolaus mit an vorderster Front auf Seiten einflussreicher Bilderfreunde. Im Kern ging es beim Bilderstreit keineswegs nur darum, einen ausufernden Bilderkult, der regional abergläubische und magische Züge angenommen hatte, zu bekämpfen. Vielmehr ging es einmal mehr um die »hypostatische Union« Jesu Christi d.h. sein Menschsein und Gottsein zugleich. Insofern stellte der Bilderstreit die wohl letzte große Kontroverse in der Alten Kirche dar. Daher wurde der Bilderstreit nicht nur sehr heftig geführt, sondern er war für die Kirche insgesamt von überaus großer Bedeutung.

Wichtige Personen auf Seiten der Bilderfreunde hatten sich als große Verehrer des heiligen Nikolaus hervorgetan. Darunter ist u.a. Methodius I., der in der zweiten Welle des Bildersturms unter Leon V. 821 als Bilderfreund verhaftet wurde. Als späterer Patriarch von Konstantinopel führte er das Ende des Bilderstreits mit herbei.

Der ikonenfreundliche Ausgang des Bilderstreits bestätigte die anschaulichen Ausdrucksformen religiöser Heiligenverehrung und verhalf diesen zu weiterer Blüte. Der Name »Nikolaus« stand programmatisch und sogar buchstäblich für den »Sieg des Volkes«: gr. »níkē – Sieg«; »laós - Volk«. Der Ausgang des Bilderstreits zugunsten der Ikonen und der im Volk populären Heiligenverehrung bedeutete zugleich einen umfassenden Durchbruch für die Verbreitung der Nikolaus-Verehrung. Diese hat sich im 9. Jhd. im gesamten christlichen Osten sowie in den byzantinisch kultivierten Gebieten des Westens auf breiter Front etabliert.

Analog zu den Ikonen-Bildern wurde Nikolaus nun auch in narrativen und poetischen Ausdrucksformen anschaulich dargestellt. Diverse Erzählungen über seine Wundertaten wurden in umfassendere Vita-Erzählungen hinein integriert. Sukzessive kam es zu Erweiterungen der Nikolaus-Viten, dies betraf auch die Vorstellung von Nikolaus. So ging um 900 u.a. der Aspekt des Bekennertums in die Vita-Erzählungen ein, Nikolaus sei in den Christenverfolgungen inhaftiert worden. Auch der Aspekt der Rechtgläubigkeit wurde nun unterstrichen und illustriert: Nikolaus habe am Konzil von

Nikaia teilgenommen und sei der Gegenpart zu Arius gewesen.

Eine zusätzliche Erweiterung der Nikolaus-Vita ergab sich aus der Assimilation der Vita eines gewissen Nikolaus vom Sionskloster in die Nikolaus-Vita hinein. Auf diese Weise wurden nicht nur Erzählungen zu Kindheit und Jugendzeit integriert, sondern die Nikolaus-Vita erhielt jetzt einen eher biographischen Charakter. Die Vita des heiligen Nikolaus erschien fortan wie die narrative Erzählung der biographischen Lebensgeschichte eines großen Heiligen.

Durch die Aufnahme des Heiligen Nikolaus in Sammlungen von Heiligen-Viten und wegen seines liturgischen Gedenktags wurde dieser auch im Westen, außerhalb der byzantinischen Gebiete, bis hin nach Mitteleuropa zunehmend bekannt. Vermehrt wurden Kirchen zu Ehren des heiligen Nikolaus gestiftet.

Aber erst mit der Übertragung der (unechten?) Nikolaus-Reliquien nach Bari im Jahr 1087 wurde eine Dynamik freigesetzt, die der Nikolaus-Verehrung auch in der tatsächlichen religiösen Praxis breiter Bevölkerungsschichten in Mitteleuropa zum Durchbruch verhalf. Jerusalem-Pilger, Kreuzritter und Handelsreisende trugen zusätzlich zur Verbreitung der Nikolaus-Verehrung in Mitteleuropa bei.

Bis zum Ende des Mittelalters sind mehr als 2.000 Kirchen, Kapellen u.ä. zu Ehren des heiligen Nikolaus in Westeuropa errichtet worden. Nikolaus kam eine nicht unerhebliche Rolle im religiösen Leben zu sowie in der christlichen Kultur. So entstanden Bräuche wie das Kinderbischofsspiel oder die Gabe von Geschenken.

Die Reformation und die Aufklärung setzten jedoch eine gegenläufige Bewegung in Gang. Die reformatorischen Kirchen tilgten mit jeder Form von Heiligenverehrung auch den heiligen Nikolaus. Die Gegenreformation setzte den Fokus auf moderne Heilige wie Ignatius von Loyola, die den aktuellen Gegebenheiten näherstanden. Die Aufklärung führte zur Pädagogisierung des Nikolaus und machte ihn zum Vollstrecker für Lohn und Strafe für brave und böse Kinder. Fortschreitende Profanisierung und Säkularisierung wandelten die verbliebene Kulturgestalt des Nikolaus und näherte diese an Sagengestalten an wie Zwerge oder Väterchen Frost. Und schließlich wurde im Zusammenhang mit der modernen Produktwerbung von Coca Cola aus Nikolaus bzw. Santa Claus per Abbild der Weihnachtsmann.

Ausgehend von der ersten Erzählung von der Rettung der drei Offiziere hat sich die Verehrung für den heiligen Nikolaus stark verbreitet, in vielerlei Gestalt, in West und Ost, von damals bis heute. Weil auf dieser langen Wegstrecke allerlei Folklore um die Gestalt des heiligen Nikolaus gewachsen ist, lohnt sich der Gang zurück bis an die Wurzel.

Das Buch nähert sich der Gestalt des heiligen Nikolaus aus mehreren Perspektiven: von der Geschichte her, über die Legenden und mit Hilfe der Theologie. Der Text skizziert die Entstehung und rasche Ausbreitung seiner Verehrung, bietet die berühmtesten Legenden aus dem 6. und 9. Jhd. in einer möglichst wörtlichen Übersetzung aus dem Original und zeichnet nach, wie sich die Nikolaus-Verehrung verbreitet hat.

Nicht zuletzt möchte das vorliegende Buch dazu beitragen, den eigentlichen, christlichen Sinn der Nikolaus-Verehrung wieder in den Blick zu rücken und so Nikolaus die Ehre zu geben sowie Gott selbst, dem der heilige Nikolaus gedient hat und als dessen Heiliger er verehrt wird.

Kapitel 1

Anfänge der Nikolaus-Verehrung

Kaum ein Heiliger erfreute sich größerer Popularität und stärkerer Verehrung als der heilige Nikolaus. Dies gilt insbesondere für die Kirchen des Ostens, in adaptierter Form zu bestimmten Zeitepochen aber auch in vielen Bereichen des Westens. Wer Nikolaus als Person aber tatsächlich gewesen ist oder was er in seinem irdischen Leben konkret Großes vollbracht haben mag, entzieht sich dem geschichtlichen Zugriff.

historisch nicht greifbar, aber wirklich

Die Person des Nikolaus ist historisch nicht zu fassen. Fassen hingegen lässt sich eine unter den Einwohnern jener kleinasiatischen Provinz Lykien bereits im 6. Jhd. weit verbreitete und tief reichende Verehrung für diesen Mann, der – so die heute vorherrschende Meinung – wohl im ausgehenden 4. oder frühen 5. Jhd. tatsächlich gelebt hat und damals Bischof von Myra gewesen ist.

Eine verbreitete Meinung, dass Nikolaus bereits früher, nämlich zur Zeit des Kaisers Konstantin Bischof von Myra gewesen sein soll, beruht insbesondere auf einer Legende. Die sog. »Prãxis« von der Rettung der drei Offiziere, die grundlegende aller Nikolaus-Legenden, erzählt von einer nächtlichen Erscheinung des Nikolaus vor Kaiser Konstantin zwecks Freilassung von drei inhaftierten Offizieren. Aufgrund der immensen Bedeutung dieser »Prãxis«-Erzählung für die Entwicklung der Nikolaus-Verehrung und ihrer weiten Verbreitung etablierte sich die Meinung, dass Nikolaus wohl zu Zeiten Kaiser Konstantins als Bischof von Myra gelebt haben mag, was in allen später entstandenen Vita-Erzählungen seinen Niederschlag gefunden hat. Allerdings handelt es sich bei der »Prãxis« nicht um ein auch nur ansatzweise historisch zu verstehendes Zeugnis, wie unten in Kapitel 2 deutlich wird, auch wenn zahlreiche Fakten und geschichtlich-gesellschaftliche Realitäten in der Ausformung des Textes ihren Niederschlag gefunden haben. Insofern lässt sich keine historisch belastbare Einordnung der Person des Nikolaus auf die Erzählung selbst begründen. Die Verortung der Legende im Umfeld von Kaiser Konstantin dürfte wohl am ehesten in dessen Bedeutung für den Übergang des Römischen Reiches zum Christentum begründet sein, was diesen in den folgenden Jahrhunderten wie einen christlichen Kaiser par excellence erscheinen ließ.

Unter den Teilnehmern am ersten ökumenischen Konzil von Nikaia im Jahr 325, das Konstantin einberufen ließ, ist auf vielen Teilnehmerlisten kein Bischof Nikolaus von Myra belegt. Einziger Teilnehmer aus Lykien war demnach vielmehr Bischof Eudemos von Patara.[1]

Erst in einigen später entstandenen Texten wie z.B. im Enkomion (Festrede) des Niketas, Bischof von Dadybra in Paphlagonien, aus dem 9. Jhd. wird die Konzilsteilnahme des Nikolaus behauptet und Nikolaus als Bekenner gegen Arius stilisiert.[2] In der kurz zuvor entstandenen ältesten Lebensbeschreibung, der Vita per Michaelem, wurde der Aspekt der Rechtgläubigkeit des hl. Nikolaus eigens unterstrichen, der mit der Arius-Anekdote korrespondiert.[3] Das einer Vita-Erzählung ähnliche Enkomion des Methodius betrachtete Myra dank des hl. Nikolaus vom Arianismus verschont.[4] So lag es nahe, den hl. Nikolaus zum Gegenspieler des Arius zu stilisieren. Dementsprechend dürfte sein Name auf einigen Teilnehmerlisten des Konzils von Nikaia hinzugefügt worden sein, nämlich auf zwei griechischen und auf einer arabischen, wie man auch andere große Heilige im Nachhinein als (fiktive) Konzilsteilnehmer von Nikaia erscheinen ließ. So ist der Name von Bischof Nikolaus auch in der Historia Tripartita des Theodoros Lector [Anagnostes], verfasst vor dem Jahr 519, enthalten, die von insgesamt 318 Konzilsteilnehmern spricht, wobei die vorliegende Handschrift aber erst aus dem 13. Jhd. stammt.[5]

Auf diese Namensnennung stützen sich einige wenige, die das irdische Leben des heiligen Nikolaus zur Zeit Kaiser Konstantins verorten wie z.B. Gerardo Cioffari.[6] Allerdings ist mit guten Gründen (S. 21 ff.; 27 ff.) davon auszugehen, dass Bischof Nikolaus später gelebt hat, was heute der vorherrschenden Meinung entspricht, dass er nicht am Konzil von Nikaia teilgenommen hat und dass die Erzählung von der »Prãxis« in der Epoche der Regierungszeit von Kaiser Justinian I. abgefasst worden ist.

In den überlieferten koptischen, syrischen und armenischen Teilnehmerlisten von Nikaia findet sich der Name des Bischofs von Myra nicht.[7] Dass in diesen Zeugnissen kein Bischof von Myra, weder namens Nikolaus noch einer mit anderem Namen, als Teilnehmer am Konzil von Nikaia belegt ist, schließt für sich genommen zwar noch nicht zwingend aus, ob es im Myra des Jahres 325 nicht vielleicht doch bereits einen eigenen Ortsbischof gegeben oder ob dieser Nikolaus geheißen haben könnte. Allerdings spricht vieles dafür, dass Myra erst im Kontext der Verbreitung des Christentums im Verlauf des 4. Jhd. zu einem der Bischofssitze in der Provinz Lykien geworden ist. Auch dass in den kirchengeschichtlichen Zeugnissen etwa bei Eusebius von Caesarea, einem Ratgeber Konstantins, oder bei Athanasius von Alexandria kein Beleg für einen historischen Bischof Nikolaus von Myra zu jener Zeit zu finden ist,[8] erscheint daher nicht überraschend. Myra als Ort war im frühen 4. Jhd. einfach zu unbedeutend, um für die Geschichtsschreiber des Römischen Reiches von Belang zu sein.

Seit der Gründung der Provinz Lykien im Jahr 43 n. Chr. war die Hafenstadt Patara das führende Zentrum und der Verwaltungssitz in der Region. So verhielt es sich auch noch im frühen 4. Jhd., wenngleich Patara allmählich an Bedeutung verlor. Dementsprechend nahm Eudemos als Bischof von Patara wohl als einziger Bischof aus Lykien am Konzil von Nikaia teil. Beim I. Konzil von Konstantinopel im Jahr 381 aber wird es bereits der Bischof von Myra sein, der unter den Bischöfen aus Lykien die erste Stelle einnimmt. Wie viele weitere Ortskirchen zu jener Zeit in Lykien bereits existierten, ist nicht sicher zumal in einer Phase des Umbruchs, da sich der Übergang der breiten Mehrheit des Volkes zum Christentum vollzog und parallel dazu der Aufbau von kirchlichen Strukturen analog zu den staatlichen erfolgte.

Historische Quellen belegen für eine etwas spätere Zeit, da Lykien christianisiert und die kirchlichen Strukturen etabliert waren, zu Beginn des 7. Jhd. 37 Diözesen in der Provinz Lykien bei einer Fläche von 12.500 km^2.[9] Ein Vergleich mag dies verdeutlichen: Das Bistum Trier im Jahr 2018 entspricht etwa der Größe der damaligen Provinz Lykien. Das Bistum Trier besteht seit seiner Reform der Pfarreigemeinschaften 2018/20 aus 35 »Pfarreien der Zukunft«. Eine Diözese im antiken Lykien entsprach also in etwa dem Gebiet einer solchen modernen deutschen Großpfarrei, allerdings bei einer deutlich geringeren Bevölkerungsdichte als heute. Abseits der bedeutenden Metropolen ist die Vorstellung von einem Bischof in der Spätantike also eher mit einem Stadtpfarrer oder Pfarrverbandsleiter heutiger Prägung zu vergleichen. Ein historischer Nikolaus als Bischof von Myra ist dementsprechend als lokaler Hirte vorzustellen, mit nur geringer Strahlkraft über die engen lokalen Grenzen hinaus. Dass die Nikolaus-Verehrung nach seinem Tod so rasant gewachsen ist und so schnell überregionale Bedeutung erlangte, muss also einem anderen

Grund zu verdanken sein. Hier spielt die Entstehung und Verbreitung der Legende von der »Prãxis« die entscheidende Rolle.

Verehrung zielt auf historisch reale Person

Die Art Verehrung als »Heiliger«, die Nikolaus schon bald nach seinem Tod zuteil wird, weitet sich im Verlauf des 4. Jhd. über den Kreis der Märtyrer hinaus. Seit dem 2. Jhd. hatte man begonnen, die Märtyrer und ihre Gräber in besonderen Ehren zu halten. Indem die Märtyrer in den Verfolgungen ihr Leben ließen, sah man darin das Ideal der Nachfolge Christi (Mt 10,38-39; Lk 9,23-24) in höchster Weise erfüllt. Damit verband sich die Gewissheit, dass die Blutzeugen, im Tod mit Christus vereint, nun auch an seiner Herrlichkeit teilhaben (Röm 6,8).

Nach dem Martyrium des Bischofs Polykarp von Smyrna im späten 2. Jhd. belegen Quellen[10] aus seiner Gemeinde die Vorstellung, dass der Märtyrer im Moment seines Todes der himmlischen Herrlichkeit teilhaft wird und mit den übrigen Märtyrern und den Aposteln mit Christus vereint ist. Der Todestag gilt in diesem Sinn als Geburtstag für die himmlische Ewigkeit. Auch die Apostel, die zu jener Zeit neu in den Blick geraten sind als historische Bezugspunkte für die Wahrheit des Evangeliums und an die das Bischofsamt anschließt,[11] wurden nun in gleicher Weise als Märtyrer verehrt.[12] Dies galt sogar für den Apostel Johannes. Die christliche Verehrung für die Märtyrer steht unterhalb der Anbetung für Christus, steht aber in deren Kontext und bleibt auf diese bezogen: Christus »beten wir an, weil er der Sohn Gottes ist. Den Märtyrern aber erweisen wir als Schülern und Nachahmern des Herrn gebührende Liebe wegen ihrer unübertrefflichen Zuneigung zu ihrem König und Lehrer.

Möchten doch auch wir ihre Genossen und Mitschüler werden! «[13]

Das Verständnis vom Martyrium korrespondierte in gewisser Weise mit der jüdischen Vorstellung, dass die Blutzeugen aus der makkabäischen Verfolgung als Freunde Gottes angesehen werden und bei Gott fürbittend eintreten (2 Makk 15,12-14). Der Gedanke des Patronats – und zwar analog zum Römischen Recht – für die noch auf Erden Lebenden und im Sinne der Fürbitte bei Gott gewann auch in der christlichen Heiligenverehrung an Bedeutung. Hinter dieser Praxis stand das Vertrauen, dass jene, die bei Gott vollendet sind, dem Schicksal der Welt und jener, die auf ihr leben, verbunden bleiben, sich deren Anliegen wohlwollend zueigen machen und in ihre Liebe zu Gott und in ihr Leben mit Gott mit hineinnehmen. Wer vor Gott steht und ihm nahe ist, kann ihm seine Anliegen sowie all jene, die ihm angetragen werden, fürbittend vorbringen und so zweitursächlich an Gottes gutem Werk gleichsam mitwirken. Ein Graffiti vom 9. August 260 in den Katakomben von San Sebastiano in Rom zeigt die Verbreitung dieser Haltung des Vertrauens und der Verbundenheit mit den bei Gott vollendeten »Heiligen« im Volk: »Petrus und Paulus, betet für Nativus in der Ewigkeit.«[14]

In die Hochschätzung für die Märtyrer sind auch ihre Gebeine einbezogen, an denen sich einst das Martyrium vollzog. In Smyrna versammelte sich die Gemeinde fortan am Todestag des Polykarp an seinem Grab, um seines Martyriums und der elf übrigen Märtyrer von Smyrna zu gedenken, dabei die Texte als Zeugnis darüber zu verlesen und das rituelle Totenmahl zu halten. Mit dieser Bindung an die Grabstätte knüpfte der frühe Märtyrerkult auch an die antike Praxis der Totenverehrung an.[15]

Mit den Verfolgungen unter Diocletian und Galerius in den Jahren 303 bis 311, den heftigsten in der Reihe der Christenverfolgungen im Römischen Reich, nahm die Verbreitung des christlichen Märtyrerkults zu, da zahlreiche Gemeinden nun selbst betroffen waren und erstmals Märtyrer aus ihren eigenen Reihen zu beklagen hatten.

Nach dem Ende der Verfolgungen wurde mit dem raschen Übergang von heidnischen Kulten zum Christentum im Römischen Reich die Märtyrerverehrung zu einem Teil des allgemeinen und öffentlichen Kultes, die zudem von Kaiser Konstantin selbst gefördert wurde.[16] Die Märtyrerverehrung erlangte eine derart hohe Bedeutung im kirchlichen Leben, dass sich im Verlauf des 4. Jhd. mehrere regionale Synoden mit dieser Frage befassten.[17]

Grabstätten der Märtyrer und Kirchenbauten gerieten in ein wechselseitiges Verhältnis. Bedeutende Märtyrergräber wurden mit einer Basilika überbaut. So wurde etwa Alt-St. Peter 324 über dem vermuteten Petrusgrab errichtet. In Kirchenbauten abseits von einem Märtyrergrab wurden Reliquien von Märtyrern übertragen. Die öffentliche Verehrung der Märtyrer geriet zu einem Kennzeichen für den Übergang vom Heidentum zum Christentum, zuweilen mit einem anti-heidnischen Impuls. Mit einer derartigen Stoßrichtung dürfte auch die rasche Verbreitung der Nikolausverehrung im Zusammenhang mit der Christianisierung Lykiens in Verbindung stehen.

Mit dem Ende der Verfolgungen und der Etablierung des Märtyrerkults in der gesamten Kirche weitete sich der Kreis der verehrungswürdigen Heiligen, die man mit Christus vollendet glaubte und mit denen man sich verbunden wusste. Ansätze für eine erweiterte Auslegung des Märtyrerbegriffs finden sich bereits bei Cyprian von Karthago in der Verfolgungszeit des Decius. Wer von den inhaftierten Gläubigen noch vor der Hinrichtung im Gefängnis eines natürlichen Todes starb, galt als den Märtyrern gleich; ihr Leichnam sollte analog behandelt, ihr Todesdatum dokumentiert werden.[18]

Auch wer in den Verfolgungen standhaft blieb, ohne sein Blut zu vergießen, konnte vereinzelt als Bekenner (confessor) verehrt werden. Im Westen erlangten Bischof Pontianus von Rom sowie Hippolyt, die 235 in das Exil geschickt wurden, hohe Wertschätzung. Im Osten wurde Bischof Gregor der Wundertäter († um 270) als einer der ersten Bekenner verehrt, ohne Märtyrer zu sein. Auch Verbannte, die im Exil den Tod fanden, oder etwa Bischöfe, die während der arianischen Auseinandersetzungen verbannt wurden, wurden als Märtyrer oder Bekenner bezeichnet.

Das Leben unter den permanenten Abtötungen der Askese konnte analog zum blutigen Martyrium als eine Art permanentes Martyrium gelten. Im Osten erlangte der Einsiedlermönch Antonius († 356) große Verehrung. Er wurde zum Inbegriff und Vorbild für ein monastisches, asketisches Leben, da er auf asketische Weise den Kampf des Lebens in den Versuchungen der Wüste bestanden hatte. Auch Hilarion von Palästina († 371) oder Basilius von Caesarea († 379) erlangten eine Verehrung als Asketen. Ähnliches galt für ein konsequent jungfräulich geführtes Leben. Asketen und Jungfrauen, die dem Ideal eines engelgleichen Lebens entsprachen, markierten einen neuen Typus verehrungswürdiger Heiliger, die um ihrer entschlossenen Lebensführung in der Nachfolge Christi willen sicher als bei Christus verherrlicht geglaubt wurden, wie dies zuvor schon für die Märtyrer angenommen wurde. Johannes Chrysostomos predigte dieses Ideal christlicher Lebensführung für jedermann: »Tötet euren Leib ab und kreuzigt ihn, und so werdet auch ihr die Krone der Märtyrer empfangen.«[19]

Im Westen zählte der hl. Martin von Tour (316/17-397) zu den ersten nicht-Märtyrern, die im Volk als Heilige verehrt wurden. Eine Erweiterung des Verständnisses vom Martyrium wurde u.a. durch Damasus I. (um 305-384) unterstützt, während dessen Pontifikat als Bischof von Rom (366-384) sich die Auffindung und Verehrung einiger Heiligengräber ereigneten. So konnten auch Bischöfe als Heilige verehrt werden.[20] Diesen wurde seit Ende des 4. Jhd. im Westen zuweilen das Attribut »sanctus« zugeschrieben, welches auf die Erhabenheit des Amtes, nicht auf die Heiligkeit der Person im engeren Sinn abzielte. In der Folge wurden im 7. Jhd. bei der Zusammenstellung von Martyrologien vereinzelt auch Bischofslisten mit aufgenommen, da man die betreffenden Bischöfe irrtümlich für verehrte Heilige hielt.[21]

Obwohl der Ort des Grabes des Antonius zunächst nicht bekannt war, wurde doch im Jahr 561 »sein« Grab wieder aufgefunden und eröffnet; die ihm zugeschriebenen Reliquien wurden nach Alexandria und nach Konstantinopel überführt. Analog verhielt es sich auch mit der Verehrung und den Reliquien des Nikolaus. Nikolaus war einer jener frühen nicht-Märtyrer, dem im Kontext der Christianisierung Lykiens und der Abgrenzung gegen heidnische Götter und Kulte als Bischof die Verehrung eines Heiligen zugewachsen ist.

Nikolaus ist nach seinem Tod offenbar auf einer christlichen Grabstätte unmittelbar außerhalb des Ortes südlich von Myra bestattet worden, an der Straße von Myra nach Andriake gelegen, was sowohl plausibel ist als auch durch die spätere Verehrung erhärtet wird. Wenn auch sein Leben sich dem späteren Zugriff entzieht, so macht sich doch schon bald nach seinem Tod eine gläubige Heiligenverehrung an der Person des Nikolaus fest. Das Grab des verehrten Nikolaus wurde alsbald mit einer Kirche überbaut, die in den diversen Erzählungen und Viten als Martyrion (Grabeskirche) bezeichnet wird. Dieses Martyrion wurde durch ein Erdbeben im Jahr 529 stark beschädigt, was schließlich zum Neubau einer dreischiffigen Basilika führte, welche im 8 Jhd. zerstört und wiedererrichtet wurde; diese wiederum wurde durch die Araber 1034 beschädigt. Seit 1985 führten archäologische Ausgrabungen nahe der Apsis der Basilika zur Entdeckung zertrümmerter Bodenplatten, unter denen Spuren von Öl sowie Rohre aufgefunden wurden.

Erst im Jahr 2017 wurden unterhalb der der Basilika aus dem 6. Jhd. in einer tiefgelegenen Schicht, bei der es sich wohl um das ursprüngliche Martyrion handelt, durch elektromagnetische Vermessungen per Radar Hohlräume ausfindig gemacht, die offenbar einen noch unberührten Schrein enthalten. Um diesen zu erreichen und die Gebeine zu datieren, müssen zunächst die Bodenmosaike konserviert und entfernt werden. Die Archäologen halten es jedoch für wahrscheinlich, an dieser Stelle tatsächlich das ursprünglich verehrte Nikolausgrab noch ungeöffnet zu finden.[22] Die 1087 nach Bari gelangten Gebeine (S. 115) wären damit endgültig als Fälschung entlarvt.

Die sich ausbreitende Verehrung des Nikolaus, auch wenn sich diese ab einem gewissen Punkt verselbständigt hat, machte sich also keineswegs an einer nur legendarisch-fiktiven Heiligengestalt fest, sondern bezog sich zumindest grundsätzlich und rückblickend auf einen historischen Menschen, dessen Grab unmittelbar vor der Stadt Myra als Verehrungsstätte bereits frühzeitig belegt ist. Was aber den Anlass dafür gegeben haben könnte, dass es ausgerechnet Nikolaus gewesen ist, dem in der Folgezeit eine solche Verehrung zugewachsen ist, was im Leben des Nikolaus hierfür einen Ansatz geboten haben könnte oder welche sonstige Erfahrung relevant gewesen sein könnte, darüber steht kein historisches Wissen zur Verfügung.

Nikolaus ist der exemplarische Heilige

Nicht eine bestimmte Episode im Leben des historischen Menschen Nikolaus, nicht bestimmte bedeutsame Werke während seines irdischen Lebens oder ein besonders asketischer oder tugendhafter Lebenswandel sind auszumachen, warum ihm die Verehrung eines Heiligen zugewachsen ist. Es lag an dem entscheidenden Punkt, als eine solche Verehrung entstand, offenbar an der Vorstellung von Nikolaus als einem Verklärten, der zusammen mit Christus in dessen Reich beim Vater verherrlicht ist und der zugleich von dort aus jenen, die noch auf dem Weg der irdischen Pilgerschaft unterwegs sind, seine reiche Hilfe zuteil werden lässt. Insbesondere ist es die Vorstellung von einer gewissen Einheit himmlischer und irdischer Existenz zugleich, welche aus der damaligen Sicht die Besonderheit der Nikolaus-Verehrung etwa im Unterschied zu anderen Heiligengestalten ausmachte.

Seine himmlische und seine irdische Existenz sind in der Nikolaus-Verehrung voneinander nicht zu trennen. Man verehrte Nikolaus als einen himmlischen Heiligen, der weiterhin auf Erden wirkte, während dessen irdisches Leben bereits vom himmlischen durchzogen war. Dieser Grundzug blieb für die Nikolaus-Verehrung bestimmend: Dies betrifft sowohl die Anfänge der Nikolaus-Verehrung als auch ihre Blütezeit im 9. Jhd. sowie spätere Jahrhunderte. So hat der Theologe Nikolaus Kabasilas im 14. Jhd. die Vorstellung formuliert, dass Nikolaus bereits auf Erden kraft des Heiligen Geistes über einen verklärten Leib verfügt habe. Diese Vorstellung von der Einheit himmlischer und irdischer Existenz stellt genau jenen Aspekt dar, der für die Nikolaus-Verehrung, deren rasante Verbreitung und ihre große Bedeutung entscheidend gewesen ist.

Dass das irdische Leben des heiligen Nikolaus bereits vom himmlischen durchdrungen war und er nicht erst im Himmel, sondern bereits auf Erden eines verklärten Leibes von Gott gewürdigt wurde, kam insbesondere in der Erzählung von der »Prãxis« zum Ausdruck. Hier ist es der noch auf Erden lebende Nikolaus, also kein Verstorbener, kein bereits vollendeter Heiliger im Himmel mit einem verklärten Leib, der mit seinem verklärten Leib nachts dem Kaiser im entfernten Konstantinopel zu erscheinen vermag, um für die drei verhafteten Offiziere heilswirksam einzutreten. Insofern hat die Erzählung von der »Prãxis« das Wesen der Nikolaus-Verehrung auf den Punkt gebracht, dass nämlich Nikolaus noch auf Erden lebend bereits ein himmlischer Mensch, ein Verklärter gewesen, sein irdisches Leben von der himmlischen Verklärung durchdrungen gewesen sei. Dabei ging die Vorstellung von der Erscheinung des noch irdischen Nikolaus vor Kaiser Konstantin noch über jene Entrückung des Philippus hinaus, der vom Heiligen Geist nach der Taufe des Kämmerers entrückt worden ist (Apg 8,39).

Nicht bestimmte besondere biographische Taten sind es also gewesen, im Unterschied zu anderen Heiligen, die Nikolaus als irdischer Mensch vollbracht hätte und für die man ihn verehren würde; nicht besondere Tugenden oder ein heroischer asketischer Kampf wie bei den Mönchsheiligen. Daher kam seiner irdischen Vita keine Bedeutung zu, besondere Charakteristika in Person oder Biographie oder Schwerpunkte seines irdischen Handelns spielten bei der Entstehung der Nikolaus-Verehrung keine Rolle und wurden nicht überliefert. Die Vita des Nikolaus blieb geheimnisvoll verborgen und schematisch, mehr noch als bei den anderen volkstümlich bedeutsamen Heiligen Theodoros, Demetrios oder Georgios. Erst spätere Jahrhunderte, insbesondere das 9. Jhd., sollten diese Lücke zu füllen und so der verklärten Gestalt des Nikolaus wieder einen irdisch-geschichtlichen Anstrich zu geben versuchen. Diese späteren Versuche gingen aber an jenem Wesen vorbei, das für die Entstehung und rasante Verbreitung seiner Verehrung so überaus bedeutsam war.

Nikolaus wird nicht als Lohn für ganz bestimmte irdische Taten unter die Heiligen des Himmels gezählt. Er ist als Heiliger nicht das Ergebnis seines irdischen Lebens. Er ist daher auch als Heiliger nicht spezialisiert etwa auf bestimmte Heilungen, nicht spezialisiert auf Gefangene oder ungerecht Verurteilte, nicht spezialisiert auf Seeleute in Not, nicht spezialisiert auf Arme oder auf das Abwenden von Hungersnöten. All dies kann der heilige Nikolaus durchaus *auch* vollbringen. Aber er kann auch anderes und er kann mehr. Nikolaus gilt als Helfer in aller Art von Not, in aller Art von Bedrängnis, sei es von einzelnen oder der Bevölkerung einer ganzen Stadt. Nikolaus gilt als Heiliger, der in aller Art von Not Hilfe wirken kann. Diese Vorstellung wurde für die Nikolaus-Verehrung prägend.

Weil in Nikolaus bereits der irdische Mensch ganz von der himmlischen Verklärung durchdrungen war, galt er als eine Art Heiliger schlechthin. Man hat in ihm eine Art »Über-Heiligen« gesehen, wie es Niketas, im 9. Jhd. Bischof von Dadybra in Paphlagonien, zum Ausdruck gebracht hat.[23] Nikolaus galt als einer, der als Heiliger anders und größer ist als all die gewöhnlichen Heiligen. Während diese sich durch ihr je spezifisches Charisma auszeichnen, das ihnen aufgrund ihres Lebenswandels auf Erden zueigen geworden ist, so z.B. bei Cosmas und Damian die Heilung der Kranken, geht es bei Nikolaus um die »Fülle«, die ihn zu einem Helfer für den ganzen Erdkreis macht, zu einem Helfer in jeder Not.[24]

In der Person des Nikolaus verdichtete sich der Typus des Helfers und Retters, der antike »Sotēr-Typus«, so dass Nikolaus in dieser Hinsicht gleichsam ein »zweiter Erlöser« nach Christus und insofern gleichsam direkt nach Gott anzusetzen sei,[25] wie es in zahlreichen Formulierungen immer wieder ausgedrückt wurde.[26] Große, höchst populäre Heilige wie Nikolaus haben den Sotēr-Typus aus der antiken Kultur abgelöst, nicht etwa assimiliert. Nikolaus ist also keineswegs eine antike Gottheit im christlichen Gewand. Nikolaus ist auch nicht etwa an die Stelle lokaler heidnischer Gottheiten getreten, als ob jene auf diese Weise gewissermaßen »christianisiert« worden wären. Ebensowenig ist der hl. Gregor Mithras, weder als Nachfolger noch aus diesem erwachsen, Pelagia ist nicht Aphrodite. Auch Nikolaus ist nicht Poseidon o.ä., er nimmt nicht die Stelle einer oder mehrerer Gottheiten aus Lykien ein.

In Myra wurde Artemis, Tochter des Zeus, als Hautgöttin der Stadt unter dem Titel »Artemis Eleuthera« verehrt. Der frühere Artemis-Tempel von Myra, der allerdings bei einem Erdbeben im Jahr 141 zerstört wurde, galt als das größte und wohl bedeutendste Bauwerk in Lykien. Der Artemis-Kult blieb gleichwohl in der ganzen Region weit verbreitet, auch kam es im Kult zur Vermischung von Artemis mit der anatolischen Gottheit Kybele, auch wenn Artemis mit Jungfrauschaft, Kybele hingegen mit Mutterschaft in Verbindung gebracht wurde. In der Provinz Lykien waren neben Artemis insbesondere der Kult des Apollo sowie der Kult der Dioskuren sehr verbreitet. Nikolaus hingegen war ein Mensch, der auf Erden gelebt hat. Nikolaus ist nicht, auch nicht in seiner Eigenschaft als Heiliger, aus Artemis oder Apollo hervorgegangen. Auch hat Nikolaus weder Artemis noch Apollo in seine Person hinein assimiliert. Vielmehr zeigt sich bei der Verbreitung der Nikolaus-Verehrung ein antiheidnischer Zug. Die Verbreitung der Nikolaus-Verehrung trat im Kontext der Christianisierung den lokalen heidnischen Kulten mit aller Kraft entgegen statt diese zu assimilieren. Einzelne Aspekte aus diesen Kulten konnten dennoch in einzelne Ausdrucksformen der Verehrung des christlichen Heiligen übergegangen sein.

Kapitel 2

»Prãxis de stratelatis« – Die Erzählung von der Rettung der drei Offiziere [»Stratelatenwunder«]

Die »Prãxis de stratelatis«, oftmals auch kurz als die »Prãxis« [griechisch: »Tat«] bezeichnet, stellt die älteste, wirkmächtigste und relevanteste aller Erzählungen über die Person des heiligen Nikolaus dar. »Prãxis« als »Tat« bedeutet mehr und anderes als nur eine große Tat eines Menschen, die dieser aus eigener Kraft vollbringen könnte. Bei der »Prãxis« klingt das Wirken Gottes im Sinne seiner »Großtat« d.h. der Gnade, der Erlösung, der Vollendung mit an.

»Prãxis« – Tat – Großtat Gottes

Als »Großtat« Gottes wird bezeichnet, worum es in der Heilsgeschichte zuinnerst geht, die in der Sendung und Erhöhung Jesu Christi, seiner Auferstehung und Vollendung in der Herrlichkeit des Vaters sowie in der Gabe des Heiligen Geistes gipfelt. Auf jene Großtat Gottes beziehen sich auch die Zeichenhandlungen, von denen die Evangelien erzählen und darin Jesus als den Christus zu verkündigen suchen. Dabei handelt es sich ja keineswegs um Wunder in einem naturhaften Sinn, dass gegen die Ordnung der Natur Handlungen gesetzt würden, was nur jener vermag, der als Schöpfer die Naturgesetze selbst gegeben hat und insofern über diesen steht. Auch in der Erzählung der »Prãxis« des heiligen Nikolaus geht es also nicht eigentlich darum, dass hier etwas meta-Physisches d.h. etwas über-

Natürliches vollbracht wird. Vielmehr steht die erzählte außergewöhnliche Tat des heiligen Nikolaus in innerer Beziehung zur Großtat Gottes, von der her die Erzählung von der »Prãxis« ihren eigentlichen und tiefen Sinn erhält und von der sie nicht losgelöst betrachtet werden kann.

Die Erzählung von der »Prãxis« war grundlegend für die Etablierung und Ausbreitung der Verehrung des heiligen Nikolaus und für die Ausbreitung seines Kultes. Zudem erwies sie sich wirkungsgeschichtlich als Kernstück für die Herausbildung der weiteren, späteren Wunder- und Vita-Erzählungen, in denen die Nikolaus-Verehrung immer wieder neu zum Ausdruck gebracht worden ist und durch die der Kult genährt wurde und immer wieder erneute Impulse erhielt.

Hinweise auf die Zeit Justinian I.

Die Erzählung von der »Prãxis« enthält einige Angaben, die auf die Verhältnisse aus der Regierungszeit des Kaisers Justinian I. (527-565) hindeuten. Deutlich zeigt sich die hohe soziale Stellung des Bischofs im gesellschaftlichen Gefüge der hellenistisch geprägten byzantinischen Stadtgesellschaft sowie die Macht des Bischofs , ein unrechtmäßig ergangenes Urteil aufzuheben und die Vollstreckung der Hinrichtung zu verhindern.

Bereits seit der Etablierung des Staatskirchentums durch Theodosius I. (394/395) sind die Bischöfe im kommunalen Machtgefüge infolge ihrer geistlichen Autorität, ihrer finanziellen Unabhängigkeit aufgrund staatlicher Besoldung sowie infolge der ihnen zugewachsenen rechtlichen Befugnisse in die Oberschicht der städtischen Gesellschaft aufgerückt, auch wenn sie formal stets außerhalb der politischen Hierarchie standen.[27] Bischöfe waren an der Bestellung des defensor civitatis beteiligt, der die Bevölkerung vor zu hoher Besteuerung schützen sollte,[28] ebenso wie an der Wahl des Beauftragten für die Lebensmittelversorgung der Stadt.[29] Unter Justinian I. wurden Bischöfe damit beauftragt, die Einhaltung menschenwürdiger Verhältnisse in den Gefängnissen zu beobachten,[30] Missbrauch bei der Besteuerung zu verhindern und an der Aufsicht und Kontrolle über das städtische Rechnungswesen mitzuwirken.[31] Dies erfolgte ohne Einsetzung des Bischofs in eine formale Amtsgewalt (potestas), sondern aufgrund der mit seinem bischöflichen Amt verbundenen Autorität (auctoritas). Bischöfe wurden zu einer gewissen außerordentlichen Kontrollinstanz gegenüber den Provinzpräfekten und Staatsbeamten zumal in Justiz- und Steuerangelegenheiten und konnten an den Kaiser berichten.[32] Insbesondere in Fällen von Rechtsbeugung durch den Provinzpräfekten konnten Bischöfe intervenieren.[33] Akzeptierte der Provinzpräfekt den Einspruch des Bischofs nicht und wurde dieser Einspruch durch den Kaiser bestätigt, hatte der Provinzpräfekt mit hohen Strafen zu rechnen.[34]

Eine solche Intervention gegen eine Rechtsbeugung durch den Provinzpräfekten wird in der Erzählung von der »Prãxis« dargestellt: Bischof Nikolaus interveniert gegen die unrechtmäßige Verurteilung und gegen die Hinrichtung dreier Männer. Er entreißt dem Henker das Schwert, löst den zu Unrecht Verurteilten die Fesseln und bringt diese in die Stadt zurück. Dabei wagt es niemand von der Wache, sich Nikolaus entgegenzustellen (n.7). Bischof Nikolaus handelt aus einer Position gleichsam von außerhalb der politischen Hierarchie, als er den Provinzpräfekten Eustathios mit dem Fall konfrontiert, diesem Vorhaltungen macht und androht, über den Fall dem Kaiser zu berichten (n.8), während der Provinzpräfekt auf die Knie fällt und um Gnade bittet (n.9). Nikolaus ist schließlich in der Position, das ungerechte Urteil gegen die drei verurteilten Männer als nicht rechtskräftig festzustellen und aufzuheben (n.9).

Die herausragende Stellung des Bischofs im sozialen Gefüge der byzantinisch-hellenistischen Stadtgesellschaft zeigt sich innerhalb der Erzählung im autoritätsvollen Handeln des Nikolaus, der im Streit zwischen den angelandeten Soldaten und der heimischen Bevölkerung das Volk beruhigt und es dazu bewegt, nicht trotzig zu handeln (n.3). Die Bürger aus dem Hafenort Andriake begrüßen Bischof Nikolaus »hochachtungsvoll und mit geziemender Ehrfurcht« (n.3). Ihnen tun es die drei Offiziere gleich, die ihm »ihre Aufwartung machen« (n.4) sowie die Leute von Myra, die Nikolaus aus Andriake zurückrufen, damit er sich des Schicksals der drei unschuldig verurteilten Männer annehmen kann (n.5.).

Gott selbst wird an einer Stelle der Erzählung (n.25) als Herrscher und Lenker bezeichnet, wobei die griechische Begrifflichkeit (»Prytan«) im normalsprachlichen Gebrauch Mitglieder des Magistrats in antiken griechischen Stadtstaaten bezeichnet.

Weitere Begebenheiten aus der Erzählung entsprechen dem damaligen Zeitgeschehen: Immer wieder kam es zu Zusammenstößen zwischen Soldaten und der lokalen Bevölkerung (n. 2). Korruption wie die dargestellte Selbstbereicherung des Provinzpräfekten Eustathios (n. 5; 9) galt bei den Beamten in den Provinzen als verbreitet.

Historisch dürfte die Erzählung mit dem Eparchen Ablabios auf den zur Zeit Justinians amtierenden Eparchen Johannes von Kappadokien, den Praefectus Praetorio per Orientem, anspielen. Dieser stand nicht nur für eine rigide Finanzpolitik, sondern soll sich auch persönlich erheblich bereichert haben.

Justinian galt als misstrauisch und war insofern für Verleumdungen anfällig. Selbst der große Feldherr Belisar, der zahlreiche entscheidende Schlachten u.a. gegen die Perser im Osten und gegen die Goten in Italien für das byzantinische Heer entscheiden konnte, der das Vandalenreich in Afrika vernichtete, der sogar die Hauptstadt Konstantinopel gegen die Hunnen verteidigte und Justinian den Thron gerettet hatte, dieser große Feldherr und Rückgrat der kaiserlichen Macht wurde im Jahr 563 für einige Monate unter Hausarrest gestellt, da man ihn beschuldigte, an einer Verschwörung gegen Justinian beteiligt zu sein, an der übrigens auch ein Mann namens Ablabios beteiligt war. Belisar wurde schließlich rehabilitiert. Der prominente Fall unterstreicht aber die damals herrschende Situation des Misstrauens, die auch in der Erzählung zur Darstellung kommt (n. 12).

Eine historische Parallele besteht auch zu der Vorführung der drei inhaftierten Offiziere im Morgengrauen vor den Kaiser in Gegenwart der Senatsversammlung und des Eparchen (n.22). Im Jahr 549 wurde Justinians Neffe Germanos der Teilnahme an einer Verschwörung des Armeniers Artabanes beschuldigt. Bei seiner Vorführung vor den nach Art eines höchsten Gerichts versammelten Senat wurde er nach einer Untersuchung schließlich freigesprochen.

Wie die genannten Vorgänge zeigen, atmet die Erzählung von der »Prãxis« in ihrer vorliegenden, überlieferten Textgestalt die Verhältnisse der spätantiken byzantinisch-hellenistischen Lebenswelt und ist in der politisch gesellschaftlichen Situation der Regierungszeit des Kaisers Justinian I. beheimatet. Ob und welche Teile der Erzählung, insbesondere den Kern der Nikolaus-Verehrung betreffend, möglicherweise bereits vor der Zeit Justinians entstanden sind, lässt sich nicht ausmachen.

Rückbezug auf Konstantin als idealen christlichen Kaiser

Obwohl die Erzählung von der »Prãxis« in ihrer überlieferten Textgestalt in der byzantinischen Lebenswelt aus der Zeit Justinians I. beheimatet ist, wird die erzählte Handlung in das Zeitalter Kaiser Konstantins zurückversetzt. Ein Motiv hierfür könnte in der verbreiteten Hochschätzung für

Kaiser Konstantin, zumal in der historischen Rückschau unter Christen sowie in der Analogie zwischen dem Prozess der Konstantinischen Wende und der bis ins 6. Jhd. je nach Provinz noch nicht abgeschlossenen Christianisierung und dem Widerstreit zwischen Christentum und heidnischen Kulten begründet sein. Wie zuvor bereits die Märtyrer so spielten nun auch die neuen Heiligengestalten wie Nikolaus in diesem Widerstreit und für den Prozess der Christianisierung eine wichtige Rolle.

Kaiser Konstantin, dessen Herrschaft von 306 bis 337 währte, seit 324 als Alleinherrscher, verkörperte wie kein zweiter den Übergang des Römischen Reiches zum Christentum nach der Zeit der großen Verfolgungen (»Konstantinische Wende«). Viele Christen mögen Konstantin nach der Erfahrung der Verfolgungen wie ein Geschenk Gottes empfunden haben. Unter seiner Regentschaft wurde ein Leben nach christlichem Glauben nicht nur erlaubt – eine Vereinbarung zwischen Konstantin und Licinius in Mailand 313 gewährte die uneingeschränkte Religionsfreiheit im gesamten Reich – sondern das Christentum wurde nunmehr zunehmend protegiert und favorisiert.

Binnen weniger Jahre führte die Christianisierung zu einem Umbruch in der römischen Gesellschaft, der sich auch in der kaiserlichen Gesetzgebung spiegelte. 312/313 wurde der Klerus analog zu den Kultbeamten von Personallasten befreit. 315 wurde die insbesondere bei Christen höchst anstößig empfundene Hinrichtung per Kreuzigung abgeschafft. 319/321 wurden die im Römischen Reich traditionellen heidnischen Hausopfer verboten. 321 wurde der Sonntag arbeits- und gerichtsfrei, und die Kirche erhielt das körperschaftliche Recht, Vermächtnisse annehmen. 325 wurden die Gladiatorenkämpfe verboten, denen zur Zeit der Verfolgungen viele Christen zum Opfer gefallen sind. Konstantinopel wurde als christlich geprägte Hauptstadt des Reiches eigens neu errichtet und am 11. Mai 330 eingeweiht.

Nach und nach wurden die heidnischen Kulte innerhalb des Reiches weiter zurückgedrängt. Konstantin sah im Christentum jene Religion, welche die Einheit des Großreiches von innen stützen sollte. Dies mag sowohl in Erwägungen zur Staatsräson als auch in der de facto Bewegung der Volksmenge hin zum Christentum begründet liegen. Tatsächlich nahmen immer größere Teile der Bevölkerung das Christentum an.

Auch in Lykien setzte sich im 4./5. Jhd. der Prozess der Christianisierung weiter fort, im Widerstreit gegen die lokal verbreiteten heidnischen Kulte. In der Provinz Lykien waren neben Artemis insbesondere der Kult des Apollo sowie der Kult der Dioskuren sehr verbreitet. Artemis galt vor der Christianisierung als wichtigste Gottheit in Myra, wo sich zugleich der große Artemis-Tempel befand, der das größte Bauwerk Lykiens war. Im Prozess der fortschreitenden Christianisierung wurde auch die Nikolaus-Verehrung zu einem Instrument, den lokalen heidnischen Kulten mit aller Kraft entgegenzutreten und etwas entgegenzusetzen.

Erst unter Justinian I. erreichte dieser Prozess der Christianisierung und des Zurückdrängens der heidnischen Kulte im byzantinischen Reich weitgehend seinen Abschluss. 529 wurde die neuplatonisch geprägte Philosophenschule in Athen geschlossen, 536 wurde mit dem Isis-Tempel von Philae in Ägypten das letzte große heidnische Heiligtum im Reich geschlossen. 545/46 ließ Justinian nichtchristliche Akademiker verfolgen und 562 heidnische Bücher öffentlich verbrennen. Er ließ in den verbliebenen noch nicht gänzlich christianisierten Provinzen Kinder zwangsweise taufen und stellte das Festhalten an heidnischen Kulten für Getaufte unter Todesstrafe.[35]

In der Rückschau aus der Perspektive des 5./6. Jhd. erschien Konstantin für einen christlichen Betrachter wohl als Verkörperung des Ideals eines christlichen Kaisers. Diese Wahrnehmung, zumal unter Christen, wurde insbesondere durch das historische Bild von Konstantin gestützt, welches Eusebios von Cäsarea in seiner Kirchengeschichtsschreibung gezeichnet hat. Konstantin wird hierin als überzeugter Christ und idealer christlicher Herrscher dargestellt. Eine derartige Einschätzung wird auch durch weitere spätantike christliche Kirchenhistoriker wie Sokrates Scholastikos (* um 389; † nach 439), der die Kirchengeschichte des Eusebios fortschrieb, sowie diese rezipierend von Sozomenos († um 450) und von Theodoret (*393; † um 460) gestützt,[36] während heidnische Historiker, insbesondere aus dem Westen, Konstantin oftmals eher kritisch bewerteten. Eine Ausnahme stellt der heidnische Historiker Praxagoras dar, auf den Konstantins Beiname »der Große« zurückgeht. Im Text der Erzählung der »Prãxis« wird Konstantin als gottesfürchtig (n.4; n.8) und als christusliebend (n.12) bezeichnet.

Das unter Christen verbreitete historische Bild von Konstantin als dem Urbild eines christlichen Herrschers sowie der in Lykien zur Zeit der Entstehung der Erzählung von der »Prãxis« herrschende Widerstreit zwischen einem sich allmählich durchsetzenden Christentum einerseits und den Resten der heidnischen Kulte andererseits dürften bei der redaktionellen Abfassung für die Positionierung der Erzählhandlung in die Zeit Konstantins relevant gewesen sein.

Entstehungszeit der Erzählung und Rückbezüge

Die Erzählung von der »Prãxis« nimmt unmittelbar im ersten Satz Bezug auf die Zeit Kaiser Konstantins, die als »Kairos« d.h. als eine gute Zeitepoche, als günstige Zeit beschrieben wird. Historische Bezüge zum Zeitalter Konstantins stellen auch die Namen der drei Offiziere Nepotianos, Ursos, Herpylion dar. Die griechische Bezeichnung für die Offiziere, »Stratelaten«, steht für Befehlshaber der kaiserlichen Leibwache d.h. für drei Offiziere aus dem Umfeld des Kaisers. In der klassischen Überlieferung wurden die Männer oftmals als »Feldherren« und die Prãxis als Erzählung von der Rettung der drei Feldherren bezeichnet. Dass diese im Text der Erzählung »Männer des Friedens« (n.4) genannt werden, beinhaltet sowohl die Assoziation an die »Pax Romana«, jene herausragende Epoche der klassischen Kaiserzeit von Augustus bis Marc Aurel (27 v. Chr. – 180 n. Chr.) voll Wohlergehen und Sicherheit innerhalb des Reiches, als auch an den messianisch-eschatologischen Frieden Christi: »Frieden hinterlasse ich euch, meinen Frieden gebe ich euch; nicht einen Frieden, wie die Welt ihn gibt, gebe ich euch« (Joh 14,27). Schon bei den Propheten in Israel gilt der Schalom als entscheidendes Merkmal für die eschatologisch aufgerichtete Gottesherrschaft (Jes 52,7; Sach 9,9). In einer derart eschatologischen Heilszeit spielt die Erzählung von der »Prãxis«.

Tatsächlich sind zwei der drei Namen der Offiziere aus der Zeit Konstantins belegt. Ein Flavius Nepotianus war im Jahr 336 Konsul, ein Flavius Ursus amtierte 338 als Konsul.

Auch der Name des mit dem Amt »Eparch« bezeichneten Ablabios zielt auf die Zeit Konstantins. Dieses Amt bezieht sich jedoch nicht auf den Präfekten einer »Eparchía« d.h. einer Provinz, wie es Lykien seit Theodosius II. war; auch ein solcher Provinzpräfekt kommt in der Erzählung vor und trägt dort den Namen Eustathios. Der historische Ablabios (lat: Flavius Ablabius) hingegen war ein enger Vertrauter Konstantins. Er bekleidete von 326 bis 337 das Amt eines Praefectus Praetorio. Was in der frühen Kaiserzeit den Befehlshaber der kaiserlichen Garde bezeichnete (»Prätorianerpräfekt«), hatte sich bereits zur Zeit Konstantins auf das Amt des Leiters mächtiger Gebietspräfekturen verschoben (»Prätoriumspräfekt«). Konstantin hatte vier derartige Präfekturen eingerichtet, Oriens, Illyricum, Italia-Africa und Gallia, eine jede von ihnen mit vermutlich mehreren tausend Mitarbeitern. Auf diesen historischen Ablabios in jenem Amt, einen engen Vertrauten Konstantins, spielt die Erzählung an.

Ein weiterer historischer Rückbezug offenbart zugleich den zeitlichen Abstand der Entstehungszeit der Erzählung von der Epoche Konstantins. Der Volksstamm der Taiphalen, zu denen die drei Offiziere in der Erzählung zwecks Niederschlagung eines Aufstands nach Phrygien gesandt werden, waren zur Herrschaftszeit Konstantins 328 noch am Überschreiten der Donau gehindert worden und wurden zusammen mit den Terwingen zu Bundesgenossen Roms gemacht zur Abwehr nachrückender Volksstämme. Schließlich haben die Taiphalen unter dem Druck der im Kontext der Völkerwanderung nachrückenden Hunnen zusammen mit den Goten im Jahr 386 die Donau nach Süden überquert. Dabei wurden die Taiphalen aufgehalten und von Römischen Truppen im Kampf geschlagen. Die verbliebenen Angehörigen dieses Volksstammes wurden seitens des Reiches in Phrygien angesiedelt. Dort hat es im Jahr 399 schließlich einen größeren Aufstand der angesiedelten Goten gegeben, denen die Taiphalen zugerechnet werden und worauf die Erzählung anspielt. Dieser fand somit lange nach Konstantins Herrschaftszeit statt, war aus der Perspektive zur Entstehungszeit der Erzählung aber wohl bereits so lange vergangen, dass ein Zusammenhang mit der Herrschaftszeit Konstantins nicht unplausibel erschien.

Der Text der Erzählung bezeichnet Lykien als Provinz (Eparchía); diesen Status hat die Region unter Theodosius II. (408-450) erlangt.

Mitte bis Ende des 6. Jhd. muss die Erzählung bereits eine breite Rezeption im christlichen Volk erfahren haben, so dass die Verehrung für die Person des Nikolaus etabliert und ein Kult verbreitet war.

Aus dem Ende des 6. Jhd. ist ein Textfragment der Erzählung bei Eustratios belegt. Das Textstück von der »Prãxis« bei Eustratios ist Bestandteil seiner Schrift über

Zustand und Wirkungsweise der Seele nach dem Tod, nicht also ein späterer Einschub.[37]

Insofern dürfte die Entstehung der »Prãxis« in ihrer überlieferten Textgestalt zwischen Mitte des 5. bis Mitte des 6. Jhd. anzusetzen sein. Inwiefern möglicherweise Grundzüge der Erzählung früheren Ursprungs sind, lässt sich mangels Belegen nicht nachvollziehen.

Überlieferung der Erzählung

Der Text der Erzählung von der »Prãxis« liegt in 52 Handschriften überliefert vor. Die ältesten davon stammen aus dem 10. Jhd. Keine dieser Handschriften stellt etwa den Originaltext dar. Aus den vorliegenden Quellen jedoch lässt sich ein großes Cluster von 40 großenteils übereinstimmenden Handschriften identifizieren. Dieser überlieferte Text wird als Normaltext oder als Rezension I bezeichnet, während weitere Texte in 12 Handschriften als Rezensionen II bis V gruppiert werden.[38]

Darüber hinaus ist ein weiteres Fragment von großer Bedeutung, das einen Beleg für die Überlieferung der »Prãxis« bereits im ausgehenden 6. Jhd. bei Eustratios von Konstantinopel darstellt. Eustratios wirkte als Presbyter unter Eutychios, des im Jahr 582 verstorbenen Patriarchen von Konstantinopel und dem Vorsitzenden des II. Konzils von Konstantinopel, dessen Vita er abfasste und 583 in Gegenwart des Kaisers Maurikios vortrug. Das Textzeugnis bei Eustratios stellt also den frühesten bekannten Beleg dar.

Das Textfragment des Eustratios steht dem Text der Rez. II am nächsten, weist gewisse Gemeinsamkeiten mit Rez. III und am wenigsten Gemeinsamkeiten mit Rez. I auf.[39] Dieser Befund spricht dafür, dass Rez. II der unbekannten ursprünglichsten Fassung wohl am nächsten stehen dürfte. Gleichwohl hat sich Rez. I rezeptions- und wirkungsgeschichtlich am wirkmächtigsten erwiesen, so dass diese Version sich als die Standardfassung der »Prãxis« etablieren konnte.

Bedeutsamer als die Unterschiede in der Textgestalt erscheint jedoch insbesondere die Tatsache, dass die Erzählung von der »Prãxis« bereits für das Ende des 6. Jhd. belegt ist, zu dieser Zeit also bereits vorlag und eine Verbreitung im Volk aufwies. Insofern stellt die Erzählung von der »Prãxis« wirkungsgeschichtlich den Nukleus für die Herausbildung der weiteren Erzählungen d.h. für die Legendenbildung sowie für die Ausbreitung der Verehrung sowie des Kultes dar.

Die Vita des Johannes Diaconus (= Johannes Hymmonides) aus dem Jahr 880 beinhaltet die Erzählung von der »Prãxis«, welche in zwei paraphrasierenden Übertragungen (nicht Übersetzungen) erstmals ins Lateinische vorliegt, eine davon sehr wortreich in etwa doppelter Textlänge. Diese steht dem historischen Original möglicherweise näher als die vorliegenden griechischen Rezensionen. Ähnliches gilt für eine syrische Paraphrasierung, die auf Rez. II basiert.

Da die historisch möglichst ursprüngliche Fassung der Erzählung nicht näher zu erschließen ist, die vorliegenden Quellen in ihrer großen Mehrheit von 40 großenteils übereinstimmenden Handschriften Rezension I stützen und diese Textvariante de facto die weitaus größte Verbreitung erfahren hat, wird diese Standardfassung nachfolgend in deutscher Übersetzung vorgelegt.

Der Text der Erzählung

»Prãxis de stratelatis«
von der Rettung der drei Feldherren

1. In der guten Zeit[a] des Kaisers Konstantin ereignete sich ein Aufstand von den Taiphalen.[b] Darüber wurde dem gottesfürchtigen Kaiser berichtet. Sofort also sandte er drei hohe Offiziere[c] namens Nepotianos, Ursos und Herpylion zusammen mit den ihnen unterstellten Soldaten aus. Diese brachen aus dem glückseligen Konstantinopel auf, segelten in die Provinz[d] Lykien und landeten in der Hafenstadt Andriake an, dem Hafen der drei Meilen entfernten Metropole

---

[a] Die Erzählung wird in die Zeit Konstantins zurückverlegt. Aus den politischen und rechtlichen Verhältnissen, wie sie im weiteren Text der Erzählung beschrieben werden, wird jedoch deutlich, dass die Lebensverhältnisse dem Zeitalter Kaiser Justinians zuzuordnen sind.

Das Zeitalter Konstantins wird positiv als »Kairos« d.h. als eine gute, günstige Zeit bewertet, da dieser nach der Zeit der Verfolgungen den Übergang zum Christentum vollzog.

[b] Die Taiphalen haben wie auch die Goten im Jahr 386 die Donau nach Süden überquert. Dabei wurden die Taiphalen aufgehalten und im Kampf geschlagen. Die verbliebenen Angehörigen dieses Volksstammes wurden seitens des Reiches in Phrygien angesiedelt.

[c] Die griechische Bezeichnung »Stratelaten« steht für Befehlshaber der kaiserlichen Leibwache d.h. für drei Offiziere aus dem Umfeld des Kaisers. Von den drei Namen sind Nepotianos und Ursos aus der Zeit Konstantins belegt. In der klassischen Überlieferung werden die Männer zumeist als »Feldherren« und die Prãxis als Erzählung von der Rettung der drei Feldherren bezeichnet.

[d] Lykien wird als » Eparchía « bezeichnet; diesen Status hat Lykien unter Theodosius II. (408-450) erlangt.

Myra. Und sie stiegen aus den Schiffen aus, denn um auf die hohe See hinauszufahren, war ihnen das Wetter nicht günstig.

2. Es stiegen also einige der Soldaten aus. Sie wollten sich erholen und Proviant aufnehmen und wollten sich erfreuen lassen. Sie wurden angegangen, die Soldaten, und sie gingen ihrerseits die Leute an. Aufruhr und Lärm erhoben sich an dem Ort, der Plakoma genannt wird, so dass es bis in die Metropole Myra zu hören war, und man war bestürzt über die Soldaten, die so zuchtlos waren und Streit suchten.

3. Dies hörte auch Gottes heiliger Bischof Nikolaus, der dortigen heiligen Kirche Hirt und Lehrer. Das Volk beruhigte und besänftigte er, nicht vorschnell oder trotzig zu handeln. Sogleich ging er nach Andriake. Und alle, die ihn dort sahen, begrüßten ihn hochachtungsvoll[e] mit geziemender Ehrfurcht.

4. Auch die Offiziere lernten ihn kennen, sie begrüßten ihn ehrfurchtsvoll und machten ihm ihre Aufwartung. Sie wurden von ihm gefragt, wer sie denn sind und woher und aus welchem Grund sie denn gekommen seien. Sie antworteten: »Wir sind Männer des Friedens und wir wurden von unserem gottesfürchtigen Kaiser bis Phrygien gesandt und wir ziehen zum Kampf gegen Aufständische. Es bete also für uns deine Heiligkeit, auf dass wir auf einem guten Weg sein mögen.« Der heilige Bischof bat sie, hinaufzukommen in die Stadt und Segen durch ihn zu empfangen. Die Offiziere scheuten also ehrfurchtsvoll die Gegenwart des Heiligen und seine Milde und sie befahlen, dass alle Frieden wahren und dass keiner der Soldaten es wagen solle, jemandem etwas zuzufügen oder etwas Ungebührliches zu tun.

---

[e] Der Gestus der Proskinese galt im Orient als Akt der Ehrerbietung bzw. Unterwerfung z.B. in Form einer Verneigung oder eines Kniefalls.

5. Aus der Stadt kamen einige, begrüßten den Heiligen ehrfurchtsvoll und sagten zu ihm: »Herr, wenn du in der Stadt wärest, dann würden so drei Hinrichtungen von Unschuldigen nicht geschehen. Der Provinzpräfekt, der Bestechungsgelder angenommen hat, hat befohlen, dass drei Männer mit dem Schwert getötet werden. Die ganze Stadt beklagte nicht wenig, dass du nicht dort warst.«

6. Als der heiligste Bischof dies hörte, wurde er betrübt. Und sofort rief er die Offiziere herbei und machte sich gemeinsam mit ihnen auf in die Stadt. Und als er an dem Ort eintraf, der nach dem Löwen benannt ist, fragte er die Anwesenden nach den Verurteilten, ob sie noch leben. Und sie sagten, dass sie noch leben und dass sie auf der Straße zu den Dioskuren sind. Dann ging er hinaus zum Martyrion der heiligen Kriskes und Dioskorides und wiederum fragte er und brachte in Erfahrung, dass sie gerade schon dabei sind, das Tor hinauszugehen. Und als er selbst zum Tor kam, sagten ihm die Leute dort, dass sie unterwegs sind zum Berras; denn dies war der Ort für jene, die bestraft und dem Tod übergeben werden.

7. Schnell lief er weiter und fand dort eine große Menge sowie den Henker, der das Schwert in der Hand hielt, um sie hinzurichten, der aber auch die Gegenwart des Heiligen zuließ. Dieser heilige Mann kam also und sah die drei Männer, die gerade das Urteil hinnehmen, mit verbundenen Augen und auf die Knie gebeugt und die Hälse ausgestreckt zum Enthaupten. Der Heilige eilte also schnell herbei, entriss dem Henker das Schwert und warf es weit weg. Er löste ihre Fesseln, führte sie in die Stadt und sagte: »Ich bin bereit, anstelle dieser Unschuldigen zu sterben« (vgl. Apg 21,13).[f]

[f] Analog der Antwort des Paulus bei seinem Aufenthalt in Cäsarea an den Propheten Agabus auf dessen Warnung hin, nach Jerusalem zu gehen, wo Paulus verhaftet werden wird.

Niemand von der Wache wagte, sich ihm entgegenzustellen oder zu widersprechen, sahen sie doch seine Gottesfreundschaft und sein Unerschrockensein. Denn wahrlich, gemäß der Schrift (Spr 28,1), »der Gerechte ist furchtlos wie ein Löwe«.

8. Und er kam in das Prätorium [der Präfektur] und klopfte an die Tür. Als der Provinzpräfekt Eustathios durch seine Wache von der Gegenwart des Heiligen gehört hatte, kam er schleunigst heraus und begrüßte ihn ehrfurchstvoll. Dieser aber stieß ihn weg und sagte ihm das Berechtigte: Tempelräuber und Blutsauger, Gesetzesbrecher und Feind Gottes. Und er sagte in aller Deutlichkeit: »Der du keine Gottesfurcht hast und Unschuldige schamlos töten lässt, du bist mir unter die Augen gekommen. Darum, weil du all dies Schlechte tust, werde ich dich ganz und gar nicht verschonen. ›Zu tückischen Menschen schickt Gott tückische Wege‹ (Spr 21,8a LXX). Der gottesfürchtige Kaiser erfährt all das über dich, wie du verwaltest bzw. eher wie du diese Provinz ausplünderst und wie du auf gesetzlose und willkürliche Weise Menschen abschlachtest aus Habgier und wegen schändlichen Gewinns.«

9. Der Provinzpräfekt aber fiel auf die Knie und bat ihn: »Zürne nicht mit mir, Herr, Vater. Erkenne vielmehr, dass nicht etwa ich daran schuldig bin, sondern die Oberen der Stadt, Eudoxios und Simonides, die anklagenderweise gegen sie aufgetreten sind.« Der Bischof aber sagte zu ihm: »Nicht Eudoxios und Simonides, sondern, um es wahrheitsgemäß zu sagen, ›Goldglanz‹ und ›Silbergeld‹[g] haben dich

[g] Der griechische Text spielt an dieser Stelle mit dem Effekt, als wären die komponierten Worte »Goldglanz« und »Silbergeld« Namen wie die zuvor genannten Eudoxios (»guter Ruf«) und Simonides (vgl. Simon Magus aus Apg 8, der sich das Amt [hier verstanden als Macht, per Handauflegung den Heiligen Geist mitzuteilen] mit Geld zu kaufen sucht), auf welche der Provinzpräfekt die Schuld abschiebt.

geschäftetreiberderweise dazu bewegt, in dies einzusteigen.« Denn es war bekannt geworden, dass er zweihundert Pfund Gold angenommen hat, damit er sie auf üble Weise beseitige. Und noch vieles erfuhr der gottgefällige Mann von den Offizieren, und er hielt dem Provinzpräfekten die Missetat fest, und er hielt als nicht rechtskräftig fest, was von ihm auf ungerechte Weise getan worden war gegen die zuvor genannten drei Männer.

10. Die Offiziere hielten Mahl mit dem heiligsten Bischof und sie baten ihn, ein Gebet darzubringen für sie. Sie empfingen von ihm den Segen, verabschiedeten sich von ihm und segelten von dort weg. Sie marschierten in Phrygien ein, befriedeten jene Orte, und entfernten von dort alle Aufständischen und Bewaffneten. Und da sie den Frieden für das Vaterland entschieden haben, kehrten sie zurück ins allglückselige Konstantinopel. Und ihnen wurde ein großer Empfang zuteil von den Soldaten dort, von den Schwerbewaffneten und von der ganzen (Senats-)versammlung dort, die Siegeszeichen und Trophäen trugen. Und sie grüßten ehrfurchtsvoll den Kaiser, und sie berichteten alles über den Frieden. Und sie waren im Palast, ruhmreich geehrt.

11. Eifersucht aber aus dem Teufel erhob sich von den Offizieren dort. Und sie sagten dem Eparchen Ablabios, dass sie auf das Kaisertum aus sind und in Heuchelei und List vom Frieden reden: »Wenn aber eine günstige Gelegenheit sich ihnen gibt, dann wird ihre Schlechtigkeit offenkundig werden. Deswegen ist es besser, mitten aus unserer friedfertigen Staatsordnung die Hinterlist zu beseitigen. Wir haben also euch dies wissen lassen, zu dem Zweck, dass ihr dem Sachverhalt eure Aufmerksamkeit schenkt und ihr auf verborgene Weise, bevor sie es wahrnehmen, dem Herrscher des Erdkreises vorstellen könnt, um sie umgehend und ohne irgendeinen Aufruhr zu vernichten.« Des sagten sie und versprachen, ihm auch Geschenke zu geben, 1.700 Pfund Gold.

12. Als der Eparch dies gehört hatte, glaubte er ihnen die Absprachen über die Zuwendungen, er ging zum Kaiser und sagte: »Majestät, da du auf gottesfürchtige und christusliebende Weise das Reich regierst und der ganze Erdkreis Frieden erfährt in diesen Zeiten der Entspannung, neidete der Teufel dieses glückliche Geschick und hat uns aus dem eigenen Haus heraus Feinde erstehen lassen. Denn er kam in die Herzen der Offiziere, die nach Phrygien auszogen und zurückgekehrt sind. Sie betreiben eine Verschwörung gegen deine Herrschaft, sich zu erheben gegen euer friedfertiges Königtum, und sie versprechen denen, die daran mitwirken und sich eifrig bemühen, Beförderungen ihrer Stellung, Zuwendungen und Vermögen im Überfluss. Der Feind und Gegner unseres Friedens, der Teufel, ist stets eifrig bestrebt, dies zu wirken durch jene, die ihm gehorchen. Aber der menschenfreundliche Gott, der Meister eurer gottesfürchtigen Königsherrschaft, der für das ganze Menschengeschlecht Sorge trägt, hat nicht zugelassen, dass die Tat verborgen geblieben ist, sondern er gab in die Herzen gewisser Mitwisser ein, zu mir zu kommen und mir dies aus dem Plan anzuvertrauen. Nachdem ich dies nun erfahren hatte, konnte ich nicht schweigen, argwöhnte die Rache Gottes und die Drohung aus eurem Unwillen; sondern ich brachte es vor eure göttliche Hoheit, auf dass ihr das euch Dargestellte vereitelt.«

13. Nachdem der Kaiser dies gehört hatte und insbesondere, dass gegen ihn und seine Herrschaft der Aufstand beabsichtigt ist, wurde er sehr zornig. Und da er meinte, dass der Eparch die Wahrheit sagt, befahl er, schnell und unverzüglich und unverifiziert sie gefesselt im Gefängnis zu inhaftieren. Es traf sich nämlich aus göttlicher Vorsehung, dass er verärgert war über zwingende (Staats-)Geschäfte in jenen Tagen.

14. Und nach einer gewissen Zeit kamen, die sie verleumdet hatten, die Feinde der Wahrheit, zum Eparchen,

brachten ihm die versprochenen Vermögenswerte und drängten ihn zum Tod über sie. Sie sagten: »Wessen Gnade haben sie es verdankt, dass sie bis zur Gegenwart leben und nicht zügig als Inhaftierte hingerichtet werden? Indem sie sich so durchbringen, auch wenn sie im Gefängnis sind, können sie durch den Kreis irgendwelcher ihrer Freunde herausgeholt und freigelassen werden. Und wir stehen da, dass wir uns vergebens für den Frieden einsetzen.«

15. Nachdem der Eparch von ihnen belästigt worden war, ging er also zum Kaiser und sagte: »Herr, wir sind verdrießlich geworden, dass jene Frevler noch leben, die nach eurer Herrschaft trachteten. Aber sieh, sie haben nicht davon abgelassen, danach zu trachten; sie haben Mitwisser von außerhalb, wie ich genau erfahren habe.« Als der Kaiser hörte, dass sie auch im Gefängnis noch gegen ihn zugange waren, befahl er, dass sie des Nachts durch das Schwert hingerichtet werden. Der Eparch, dem es überlassen worden war, schickte also zum Kerkermeister und ließ ihm sagen: »Die drei Männer, die du hast im Gefängnis hast, mach dich bereit, dass die Schuldigen des Nachts beseitigt werden.«

16. Als der Kerkermeister Hilarion das hörte, wurde er sehr betrübt und mit Tränen sprach er zu ihnen: »Geschätzte Männer und meine Herren, Furcht hat mich gepackt und Bangen, und ich zittere um euer Schicksal und ich scheue mich, mit euch zu sprechen. Aber die Notwendigkeit treibt mich, euch Bescheid zu geben. Ach dass ich euch doch nur nicht kennengelernt hätte! Deshalb schmerzt es mich sehr und es bedrückt mich, euch zu sagen, dass wir schon voneinander getrennt werden, da befohlen wurde, euch des Nachts zu töten. Wenn euch also irgendetwas wichtig erscheint in den euch betreffenden Angelegenheiten, beschließt es und erledigt es. Das mir vom Eparchen Mitgeteilte habe ich euch wissen lassen.«

17. Nachdem diese das gehört hatten, begannen sie kurz zu weinen, zerrissen ihre Kleider und rauften ihre Haare. Sie

aßen Staub, schrien auf, klagten, waren ratlos über den unerwarteten Tod und sagten: »Was ist der Grund, was unser Unrecht, dass wir so plötzlich und ohne Verurteilung hingerichtet werden, und dass wir nicht zur Untersuchung und Befragung geladen werden, und sei es wie Verbrecher?«

18. Nepotianos aber, einer von ihnen, kam zur Erinnerung daran, was der heilige Nikolaus, der Bischof in der Stadt Myra, gemacht hat, und auf welche Weise er die drei Männer gerettet hat, die sie schon dabei waren hinzurichten. Er sagte jammernd mit vielen Tränen und Seufzern: »Herr, Gott deines Knechtes Nikolaus, erbarme dich unser wegen deiner Barmherzigkeit und wegen der Fürsprache deines ehrenwerten Dieners Nikolaus. Und wie du seinetwillen Erbarmen hattest mit jenen drei Männern, die unschuldig verurteilt worden waren, und sie aus dem Tod entrissen hast, so rufe jetzt auch uns empor, gnädig gestimmt durch die Fürbitte dieses deines heiligen Priesters. Denn wir glauben, dass er, wenn er auch dem Leib nach nicht gegenwärtig ist, er doch aber dem Geist nach gegenwärtig ist, unsere Bedrängnis sieht und den Schmerz unserer Seele, dass er selbst deine Güte für uns anrufen wird.«

19. Und sie schrien gemeinsam: »Heiliger Nikolaus, wenn du auch weit weg von uns bist, nahe werde dein Gebet für uns, und bei dem menschenfreundlichen Gott bitte inständig für uns. Denn er wird den Willen derer tun, die ihn fürchten, und er wird das Bitten von ihnen erhören; auf dass wir, durch deine Fürbitte gerettet vor der uns drohenden Gefahr, gewürdigt werden, persönlich zu kommen und deine Heiligkeit zu verehren, o gerühmter Vater.« Dies sagten die drei, und wie aus einem Mund flehten sie zu Gott, nicht daran zweifelnd, dass Hilfe eintritt und Beistand vom Himmel her.

20. Durch Gottes Gnade – der Erbarmen hat mit allen und der sich schnell vor jene stellt, die ihn aus ganzem Herzen suchen, und der stets jene verherrlicht, die ihn verherrli-

chen, und der jene rettet, die demütig sind im Geist – erschein der heilige Nikolaus in jener Nacht dem Kaiser und sagte zu ihm: »Konstantin, steh auf und lass die drei Männer, die Offiziere, frei, die du im Gefängnis hast, weil sie auf ungerechte Weise verleumdet worden sind. Wenn du aber nicht auf mich hörst, werde ich dir einen Krieg in Dyrrhachion[h] zur Fügung machen und dein Fleisch den Tieren und Vögeln zum Fraß vorwerfen, nachdem ich ein Gebet gemacht habe gegen dich bei Christus, dem erhabenen König.« Und der Kaiser sagte: »Wer bist du und wie bist du so ohne weiteres zu dieser Stunde in meinen Palast hineingekommen?« Und die Stimme sagte zu ihm: »Ich bin Nikolaus, der sündhafte[i] Bischof, und bin in der Metropole Myra in Lykien.« Und da er dies gesagt hatte, entschwand er.

21. Und er ging, erschien dem Eparchen und sagte zu ihm: »Ablabios, einfältig an Geist und Verstand, steh auf und lass die drei Männer frei, die Offiziere, die du im Gefängnis hast und die du wegen deiner Geldgier vernichten willst. Wenn du sie aber nicht freilassen willst, werde ich ein Gebet machen gegen dich bei Christus, dem erhabenen König, und du wirst in eine schlimme Krankheit stürzen und wirst zum Fraß von Würmern, und dein ganzes Haus wird elend zugrunde gehen.« Der Eparch sagt: »Wer bist du, dass du so etwas sagst?« Und er sagte: »Ich bin Nikolaus, der sündhafte Bischof der Metropole Myra.« Und da er dies gesagt hatte, entschwand er.

22. Und nachdem der Kaiser aus dem Schlaf aufgeweckt worden war, rief er seinen Boten und sagte ihm: »Geh, melde dem Eparchen, was sich mir hat sehen lassen; denn dies

---

[h] vgl. Durrës: Hafenstadt an der Adriaküste im heutigen Albanien

[i] Offenbar handelt es sich hierbei um einen Hinweis, das Menschsein des Nikolaus zu unterstreichen, da seine Möglichkeit, im Traum zu erscheinen, eher auf eine himmlische Existenzform hinweist.

und jenes sah ich im Traum.« Und auf gleiche Weise sandte auch der Eparch seinen Boten, dem Kaiser zu melden, was sich ihm gezeigt hat. Als es Morgen wurde, ließ der Kaiser sie vorführen in Gegenwart der (Senats-)versammlung und des Eparchen.

23. Als sie auftraten, sagte zu ihnen der Kaiser: »Sagt mir, mit welchen Zaubereien habt ihr uns derartige Träume heraufbeschworen?« Sie aber schwiegen. Als sie wiederum, zum zweiten Mal, gefragt wurden, antworteten sie durch Nepotianos: »Majestät, wir beherrschen keine Zauberei. Sollten wir aber befunden werden, dass wir so etwas getan haben oder etwas anderes Übles gegen eure Herrschaft in Erwägung ziehen, dann sollen wir mit der Enthauptungsstrafe belegt werden, o Herr.«

24. Spricht der Kaiser zu ihnen: »Kennt ihr einen gewissen Nikolaus?« Als sie den Namen Nikolaus hörten, wurden sie frohen Mutes und sagten: »Herr, Gott des heiligen Nikolaus, der du durch ihn einst jene gerettet hast, die unrechtmäßig hingerichtet werden sollten, jetzt befreie auch uns vor dem bevorstehenden Übeln, die wir unschuldig sind.« Wieder spricht der Kaiser: »Sagt mir, wer ist dieser Nikolaus und inwiefern ist er für euch von Bedeutung?« Darauf antwortete Nepotianos, wer er ist, wie er so tätig ist und was er vor ihren Augen getan hat und wie er die drei Männer vor dem Tod bewahrt hat, das ließ er ihn wissen, und er sagte: »Jetzt sind wir es, o Herr, die in dieser unserer Not und Bedrängnis seine Gebete angerufen und ihn zu Hilfe gerufen haben, Fürbitte zu leisten für uns beim menschenfreundlichen Gott.«

25. Dann spricht der Kaiser: »Seht, nun seid ihr freigelassen; dankt dem Mann. Denn nicht ich schenke euch das Leben, sondern Gott und Nikolaus, den ihr angerufen habt. Geht also dorthin und lasst euch die Haare scheren, die euch gewachsen sind, als ihr im Gefängnis wart, sagt ihm Dank und richtet ihm auch von mir aus: ›Sieh, deine Weisung

habe ich erfüllt. Drohe mir nicht, sondern bete für mich und meine Königsherrschaft, und bete bei Gott, dem Herrscher von allem und Lenker*j, dass weltweiter Friede werde.‹« Und er gab ihnen Kostbarkeiten, ein goldenes Evangeliar, zwei goldene Kerzenleuchter und andere goldverzierte Gerätschaft, um dies jenem heiligen Mann zusammen mit Schriftstücken zu überbringen.

26. Die Männer nahmen dies also und gelangten nach Lykien, grüßten ihn ehrfurchtsvoll, sie erzählten, was ihnen geschehen war, gaben ihm die Schriftstücke des Kaisers und die Kostbarkeiten, sie ließen sich die Haare scheren und gaben an Bedürftige aus ihrem eigenen Besitz. Und es freute sich über sie auch der heiligste Bischof Nikolaus, und er segnete sie und schickte sie weg mit Schriftstücken und Segenswünschen. So also bedankten sich die drei Männer, verabschiedeten sich von ihm und kehrten zurück mit Freude, indem sie den menschenfreundlichen Gott verherrlichten für die ihnen zuteil gewordene Rettung. Ihm sei der Ruhm und die Herrschaft in alle Ewigkeit. Amen.

---

*j Im griechischen Text steht der Begriff »Prytan«, womit Magistratsmitglieder in antiken griechischen Stadtstaaten bezeichnet wurden, wobei häufig ein Vorsitzender das Gremium leitete. In Korinth etwa konnte das Amt des Prytanen auch durch einen einzelnen Mann ausgeübt werden.

Kapitel 3

Ausbreitung der Nikolaus-Verehrung bis zum Bilderstreit

Myra – Lykien – Konstantinopel

Die lebendige Verehrung für Nikolaus manifestierte sich, parallel zur Entstehung und Verbreitung der Erzählung von der »Prãxis«, schon bald nach seinem Tod an seiner Grabstätte. So wurde das Grab des verehrten Nikolaus analog zu den Märtyrergräbern, möglicherweise sogar zusammen mit den Gräbern lykischer Märtyrer wie Kriskes, Dioskorides oder Themistokles, bald nach seinem Tod, entsprechend der sich ausbreitenden Verehrung seiner Person, mit einem Martyrion d.h. mit einer Grabeskirche überbaut.

Die um das 565 verfasste Vita des Nikolaus vom Sionskloster, das früheste literarische Zeugnis für die kultische Verehrung des heiligen Nikolaus, erwähnt das Martyrion südlich von Myra an der Straße nach Andriake. Da sich dieses Erlebnis auf den 19- oder 20-jährigen Nikolaus vom Sionskloster vor dessen erster Wallfahrt nach Jerusalem bezieht, ist damit das Bestehen des Martyrion des heiligen Nikolaus spätestens um das Jahr 530 vorausgesetzt.

Nikolaus selbst wird im Text nicht nur als »heilig«, sondern auch als »berühmt« [endoxos] bezeichnet (n.8,1), was auf die bereits erreichte weite Verbreitung seiner Verehrung hindeutet. Zusätzlich zum Martyrion wird noch ein Markterion, eine Gebetsstätte, des heiligen Nikolaus genannt, die im Kastell gelegen ist.

Auch gibt der Text den Hinweis, dass eine Synode der Bischöfe Lykiens in Myra zusammengekommen ist, und zwar zum Festtag des heiligen Nikolaus, der als »Rosalienfest des heiligen Nikolaus« bezeichnet wird, womit nicht etwa ein Termin im Frühling, sondern der 6. Dezember gemeint ist. An diesem »Rosenfest« wurden auch die Gräber mit Kränzen aus Rosen geschmückt, so dass sich das Fest vor allem am verehrten Nikolausgrab in besonders feierlicher Weise entfaltet haben mag. Inwiefern der Nikolaus-Bezug des Rosalienfestes zur Verlegung, Adaptierung und Christianisierung eines beliebten traditionellen Festes beigetragen haben mag, lässt sich nicht sagen.

Die Terminierung der Provinzsynode auf den Nikolaus-Festtag deutet darauf hin, dass zu jener Zeit um 530 die Nikolaus-Verehrung bereits über die Stadt Myra hinaus in der ganzen Provinz Lykien Verbreitung gefunden und überregionale Bedeutung erlangt hatte. Auch die Verbreitung des Eigennamens Nikolaus wurde im Zeitraum vom 5.- 7. Jhd. in Lykien allmählich größer, was auf eine zunehmende Verbreitung der Nikolaus-Verehrung schließen lässt, da es mit der Christianisierung ab dem 4. Jhd. gebräuchlich wurde, Kinder nach dem Vorbild von verehrten Heiligen zu benennen. Das Auftreten des Eigennamens Nikolaus in der Bevölkerung erwies sich als Spiegelbild der wachsenden Popularität des heiligen Nikolaus. Gänzlich eingebürgert hat sich der Name »Nikolaus« jedoch erst im 9. Jhd.[40]

Außerhalb Lykiens ist die Nikolaus-Verehrung im 6. Jhd. insbesondere in der Hauptstadt Konstantinopel zu belegen, wo auch die Abfassung der »Prãxis« erfolgt sein dürfte. Kaiser Justinian I. ließ in Konstantinopel ein Heiligtum zu Ehren der heiligen Priskos und Nikolaus errichten.[41] Spätere Nennungen kennen allein noch Nikolaus als Titel dieser Kirche. Jene befand sich im Blachernenviertel im Norden Konstantinopels außerhalb der Doppelmauer, die Theodosius II. in seiner Amtszeit (408-450) hatte errichten lassen.

Erst eine weitere vorgelagerte Mauer, die unter Leon V. (813-820) errichtet wurde, bezog den Kirchenbau mit ein, der nun zwischen beiden Mauern gelegen war und offenbar bis zum Ende des byzantinischen Reiches Bestand hatte.[42]

Im 5. und 6. Jhd. ereigneten sich allerlei Notlagen, darunter die große Pest, die 541-544 den ganzen Mittelmeerraum überzog (»Justinianische Pest«) und bis zum Ende des 8. Jhd. lokal immer wieder aufflammte. In der Folge dieser großen Pest kam es Mitte des 6. Jhd. auch zu Hungersnöten. Die Erzählung des Nikolaus-Wunders von den Kornschiffen (vgl. S.90) lässt sich in einer frühen Fassung zumindest bis ins 7. Jhd. zurückverfolgen[43] und könnte in dieser erfahrenen Not wurzeln. Etwa die Hälfte der Bevölkerung dürfte wohl der großen Pest und ihren Folgen zum Opfer gefallen sein. Die Nöte und Bedingungen jener Zeit, die als apokalyptisch empfunden wurden, dürften wohl auch zugleich wie ein Katalysator gewirkt haben, so dass auf Basis einer Wertschätzung für die Person des Nikolaus, den Helfer in jeder Not, eine mit dem christlichen Glauben in Verbindung stehende Verehrung resultierte, welche ihrerseits religiöse Formen annahm.

frühe Nikolaus-Verehrung in Italien

Die Nikolaus-Verehrung gelangte bereits frühzeitig auch nach Italien, das nach Kaiser Justinians Krieg (535-554) gegen und nach dem Sieg über das Ostgotenreich, das nach Theoderichs Sieg über Odoaker, der 476 den letzten weströmischen Kaiser abgesetzt hatte, von 493 bis 553 bestanden hatte und nun nach dem Sieg der byzantinischen Truppen als Provinz unter oströmische Verwaltung gestellt wurde. Abgesehen von einigen Regionen, die von 568 an unter langobardische Herrschaft gerieten, wurden insbesondere Ravenna, Apulien und Kalabrien, Sardinien und Korsika durch Zuwanderung aus dem Osten des Reiches fortan über Jahrhunderte byzantinisch kultiviert (Ducatus Romanus). Auf diese Weise wurden einige der im Osten verehrten Heiligen auch in Gebieten des Westens und so schließlich auch in der lateinischen Kirche bedeutsam. Dies trifft in besonderem Maße auf Nikolaus sowie auf Gregor zu.

In der Stadt Rom wurden einige Stadtviertel vom Palatin bis zum Tiberhafen durch Beamte und immer weitere Zuwanderung aus dem Osten des Reiches zunehmend byzantinisch geprägt. Zahlreiche Gotteshäuser wie z.B. Maria in Cosmedin oder St. Georg in Velabro sowie einige Klöster pflegten die griechischsprachige Liturgie des'Ostens. Einige der römischen Päpste haben selbst eine Zeit im Osten verbracht: Silverius (536-537) verbrachte eine Exilszeit in Patara, Vigilius (537-555) und Gregor I. (590-604) lebten zeitweise als Gesandte in Konstantinopel. Byzantinische Beamte traten an die Stelle stadtrömischer Patrizierfamilien. Insgesamt entstammten zwischen 642 und 752 neun stadtrömische Päpste aus dem Osten.

Ravenna und Rom blieben bis zur Mitte des 8. Jhd. unter byzantinischem Einfluss, Sizilien bis zum 9. Jhd., Apulien und Kalabrien bis zur zweiten Hälfte des 11. Jhd. Aufgrund der starken Zuwanderung aus oströmischen Provinzen blieb eine byzantinisch-griechische Kultur regional zum Teil auch noch nach der politischen Loslösung vom oströmischen Reich vorherrschend.

In Rom entstand im 7. Jhd. eine Sammlung von Heiligenviten, worin auch zahlreiche Heilige des Ostens verzeichnet waren. Darunter befand sich auch die Prãxis von der Rettung der drei Offiziere durch Nikolaus, die aus griechischen Textvorlagen ins lateinische übertragen wurde. Auch in den späteren Überarbeitungen und Erweiterungen dieser Vitensammlung, die sich nach Mitteleuropa verbreitete, blieb die Erzählung von der Prãxis enthalten. Diese Erzählung übte maßgeblichen Einfluss darauf aus, wie der

Westen abseits der byzantinischen Gebiete d.h. auch nördlich der Alpen mit Nikolaus Bekanntschaft machte (S. 110).[44]

Bilderstreit

Die Ausbreitung des Christentums im ganzen Osten des Römischen Reiches, zumal in den einfachen Schichten der diversen Volksstämme, führt auch zu unterschiedlichen Verbindungen der Dimension des Religiösen mit dem Christentum im Bewusstsein der Gläubigen. Während im Osten wesentliche Aspekte des Christusglaubens reflektiert und vertieft werden, dabei unterschiedliche Interpretationen hervortreten und hierüber auf diversen Synoden und Konzilien Entscheidungen getroffen werden, erblühen auf der anderen Seite Formen von Volksreligiosität, die das Christentum mit Auffassungen des Mirakulösen oder des Anschaulichen in Verbindung zu bringen suchen. Während zumal in der Weltsicht des byzantinisch-hellenistischen Ostens Gott in neuplatonischer Tradition als der gänzlich Transzendente aufgefasst wird – auf einer anderen Ebene als es diese Welt ist – bricht sich die Volksreligiosität vor allem auch in einer lebendigen Beziehung zu den Heiligen Bahn, die in gewisser Weise dieser Welt enthoben und dem allmächtigen und transzendenten Gott nahe geglaubt werden. Gemalte Ikonen-Bilder von solchen Heiligen, die als Mittler zu Gott angesehen werden, Mirakel-Erzählung von diesen Heiligen und ihre erzählte Lebensgeschichten, die um derartige Mirakel-Erzählungen entstehen, werden zu Ausdrucksformen der Religion – zumeist in einem christlichen Sinn, zuweilen abergläubisch überlagert.

Auch in der Nikolaus-Verehrung treten derart anschauliche Ausdrucksformen in den Vordergrund. Da sind die Reliquien, in denen man mit der Person des Heiligen seiner irdischen Gestalt nach in Berührung kommen kann. Da ist das Myron, das nach Art einer sich verströmenden wunderbaren und wunderwirkenden Materie von diesen Reliquien auszugehen scheint und dem man wunderbare Wirkungen wie z.B. Heilung zutraut. Das vom Leichnam ausströmende Myron galt als Zeichen dafür, dass der Heilige nun vollendet und am Leben ist.[45] Auch entstehen allerlei Erzählungen von großen, wunderbaren Taten, die von diesem übergroßen Heiligen, dem Helfer in allen Arten von Not, zugeschrieben werden. Und es entstehen Vita-Erzählungen, in denen Erzählstücke von diversen Wundertaten zu größeren Einheiten verbunden werden.

In einem solchen Kontext kommt es nun vielfach zu Auseinandersetzungen um diese volkstümlichen religiösen Ausdrucksformen. De facto machen sich die Auseinandersetzungen in erster Linie an den bildlichen Darstellungen fest, wobei insbesondere die unterschiedlichen Verständnisse über das Verhältnis zwischen dem abgebildeten Heiligen und dem Bildnis sowie abergläubische Praktiken im Zusammenhang mit den Bildnissen die Konflikte prägen. Die Konflikte machen sich an den Ikonen-Bildern fest, betreffen auf inhaltlicher Ebene neben den bildlichen Darstellungen ebenso aber auch die narrativen Ausmalungen der Wundererzählungen und die Kompositionen der Heiligen-Viten. Was die Ikonen in Bildform »schreiben«, malen in analoger Weise die Erzählungen über Vita und Wundertaten der Heiligen in Textform aus.

In kirchen- und dogmengeschichtlicher Perspektive stellt der Bilderstreit des 8. und 9. Jhd. die letzte Phase der großen theologischen und christologischen Auseinandersetzungen der Alten Kirche dar, die auf immer wieder neue Weise ein Verständnis davon zu vermitteln suchen, wer Jesus, der Christus, eigentlich ist und in welchem Verhältnis er zu Gott, dem allmächtigen Vater, zu glauben und zu denken ist.

Mit dem aus Kleinasien stammenden Leon III. (um 680-741), der im Jahr 717 auf den abgesetzten Theodosios III. folgt, beginnt eine neue, syrische Dynastie auf dem byzantinischen Kaiserthron. Einen großangelegten Angriff der Araber im Jahr 718 konnte Leon erfolgreich zurückschlagen. In der Folge nutzt er seine daraus resultierend gestärkte Position, um die Einheit des Reiches sowohl militärisch an den Außengrenzen als auch nach innen durch zahlreiche Reformen zu stärken. Die aktive Herbeiführung einer Einheitlichkeit in der katholischen Religion innerhalb des weiten Reiches stellt dabei ein wichtiges Ziel dar. So wird etwa über verbreitete Zwangstaufen von Juden und Montanisten im Jahr 722 berichtet. Auch Leons Maßnahmen zur Durchsetzung einer einheitlichen – und zwar ablehnenden – Haltung in der Frage der je nach Region mitunter stark verbreiteten Bilderverehrung ist keineswegs ohne diesen religionspolitischen Kontext zu sehen. Allerdings sind die historischen Quellen nach Beendigung des Bilderstreits zugunsten der Bilderverehrung in den Sog eines Anti-Ikonoklasmus geraten und erscheinen daher aus heutiger Perspektive über weite Strecken einseitig.

Den Anlass für den erbittert geführten Bilderstreit bietet die Entscheidung Leons, eine zentrale Christus-Ikone am Tor des Kaiserpalastes zu entfernen. Dies geschieht offenbar gezielt, nachdem sich im Jahr 726 der Himmel infolge eines Vulkanausbruchs durch die Aschenwolke für mehrere Tage verdunkelt hatte. Die Beseitigung der Ikone hat Signalwirkung und führt zu einem Aufruhr im Volk. Die folgenden Auseinandersetzungen bedingen staatliche Verfolgungen der Bilderverehrer (»Ikonodoulen«) und eine gezielte Zerstörung der Bilder (»Ikonoklasmus«). Jenseits der ordnungspolitischen Dimension stehen im Bilderstreit fundamentale religiöse Überzeugungen, theologische Argumente und kulturelle Traditionen – zutiefst: die Wirklichkeitsauffassung, d.h. was »sein« bedeutet – einander entgegen. Die grundsätzliche Ablehnung jeglicher Bilderverehrung geht einher mit dem Bilderverbot des Alten Bundes (vgl. Ex 20,4) sowie dem strengen Bilderverbot im Islam, in dessen geistiger Einfluss-Sphäre einige Teile im Osten des Reiches stehen. Auch Leon selbst stammt aus einer Region, in der die Ikonen als profan angesehen werden, und ihre Verehrung als Götzendienst (Idolatrie) gilt. Die gegenständliche Verehrungspraxis der Bilder mit Kerzen, Öllampen, Weihrauch und Gesten des Niederwerfens lassen die Grenzen zwischen der bloßen Verehrung der Bilder und der Anbetung Gottes mitunter unscharf werden, und die Ikonenverehrung nimmt teilweise magische, abergläubische Züge an, so als wäre das Bild mit Gott in einem gewissen Identitätsmoment geradezu gleichzusetzen. So erklären sich auch magisch zu verstehende Handlungen wie z.B. die Beimischung von Ikonenfarbstaub in den eucharistischen Kelch, Trinken des Öls aus Ikonenlampen oder die Auffassung, ein bestimmtes Christus-Bild sei nicht von Menschenhand gemacht (»Acheiropoieton«), wie es in manchen Volkschichten etwa für das Mandylion von Edessa, das erstmals im 6. Jhd. erwähnt ist, oder für einige der Sinai-Ikonen aus dem 5. bis 7. Jhd. angenommen wird.

Auch in der christologisch-theologischen Reflexion werden entscheidende Argumente vorgebracht, die ein Verbot der verbreiteten Bilderverehrung stützen. Der Bilderstreit erstreckt sich keineswegs lediglich auf eine zu kritisierende Verehrungspraxis der Bilder, sondern stellt sich vor allem als Kontroverse um das Verständnis von Jesus als Christus dar, was die Entscheidung durch das Konzil von Chalzedon (451) über die »hypostatische Union« Jesu Christi zutiefst bedeutet: Dass nämlich Jesus Christus in Person sowohl der Sohn Gottes des Vater ist, d.h. Gott von Gott, als auch ganz und gar Mensch ist, und zwar ohne dass beide Perspektiven irgendwie »vermischt« oder »zertrennt« zu betrachten wären. In der Person-Hypostase des Sohnes ist dessen Gottsein und dessen Menschsein in nicht additiver, nicht einander entgegengesetzter Weise, sondern in Personeinheit gegeben. Wer also zur Verteidigung der Bilder behauptet, die Ikonen stellen lediglich einen Ausdruck des Fleisches Christi dar, nicht jedoch ein Bild seines Logos-Gottseins als zweite Person der Dreifaltigkeit Gottes, der würde die hypostatische Union Jesu Christi mindestens implizit leugnen. Die Irrlehre des Nestorianismus, dass es in Jesus Christus sowohl eine Person mit einer göttlichen Natur *und* eine Person mit einer menschlichen Natur gegeben habe, ist bereits auf dem II. Konzil von Konstantinopel 553 in aller Deutlichkeit verurteilt worden.

Germanos, welcher der Meinung war, die Ikone stelle lediglich die menschlichen Züge, d.h. das Fleisch Christi dar, ist im Zusammenhang mit der verschärften Durchsetzung des Bilderverbots 730 zum Rücktritt vom Amt des Patriarchen von Konstantinopel gezwungen worden. Konstantinos V. (718-775), Sohn, Mitkaiser und Nachfolger Leons III., setzt die Politik seines Vaters fort. Im Jahr 754 beruft er das Konzil von Hiereia [Fenerbahçe] zusammen, welches die Bilderverehrung und die wichtigsten Befürworter des Bilderkultes, Germanos von Konstantinopel und Johannes von Damaskus, einmütig verurteilt.

Entscheidend für die unterschiedlichen Positionen im Bilderstreit ist vor allem die Bildauffassung selbst. Wie Leon III. vertritt auch Konstantinos V. ein orientalisch geprägtes, realsymbolisches Bildverständnis, welchem die Vorstellung von einer Seinsteilhabe zwischen Urbild und Abbild zugrundeliegt. Um wirklich Bild sein zu können, muss das Bild dem Abgebildeten gemäß sein, dessen Antlitz so wiedergeben, wie es wirklich ist. In einer im Orient zu jener Zeit geläufigen Kunstrichtung bewegt-lebendiger Tierdarstellungen, die dem Abgebildeten so weit wie möglich gleichen, begegnet dieses Bilderverständnis auf das Möglichste verwirklicht. Eine Christus-Ikone aus Holz vermag diese hohe

Anforderung an ein Bild jedoch nicht zu erfüllen. Das eigentliche Christus-Bild sei vielmehr die Eucharistie. Auf der Ebene des Zeichens erhält in dieser Sichtweise das Kreuz den klaren Vorzug vor den Ikonen-Bildern.

Unter den 754 zum Konzil versammelten Bischöfen, die zwar zu demselben Urteil kommen wie der Kaiser, ist allerdings ein nochmals anderes, nämlich ein griechisches Bilderverständnis vorherrschend. Für ein derartiges platonisch-neuplatonisches Bilderverständnis ist vor allem der seinsmäßige Abstand zwischen dem Urbild und dem Abbild im Sinne eines ontischen Gefälles kennzeichnend. Nahm man in der Tradition der Logos-Christologie des Origenes den Logos als das Bild des Vaters an, so nahm man dabei im östlichen Denken eine gewisse Nach- oder auch Unterordnung des Logos unter das einzig ursprunglose Prinzip ganz selbstverständlich an. Origenes hatte den Logos diesem Gefälle gemäß als den »zweiten Herrn« bezeichnet. Das »homoousios« von Nicäa musste in einer solchen Denkwelt gegen alle Vernunft erscheinen, weil es von dieser Nachordnung hinter bzw. unter Gott den Vater absieht. Das Konzil von 381 hat schließlich auf Basis der Unterscheidungen der Kappadozier die Unterscheidung der drei Person-Hypostasen in den Bereich der einen und einzigen Ousia Gottes gerückt.

In der am Begriff des Bildes orientierten Sprache von Kol 1,15 (»Er ist das Bild des unsichtbaren Gottes«) bzw. Hebr 1,3 (»Dieser ist wie ein Abglanz seiner [des Vaters] Herrlichkeit und wie ein Prägebild seiner [eigenen] Hypostase«) bedeutet dies: Der Sohn kann nur Bild-Ausdruck der Hypostase des Vaters sein, wenn er selbst eine Hypostase ist, im Sinne einer unterschiedenen Einheit bzw. einigen Unterschiedenheit der drei Hypostasen von Vater, Sohn und Geist, wie das Konzil von 381 und die nachfolgenden Konzilien betonen (Dreifaltigkeit Gottes). Die Inkarnation musste gemäß griechischem Seinsverständnis wie ein Eingehen des höheren Logos in die Niederungen des sichtbaren Fleisches erscheinen. Dass er in den Bereich der Schatten eingegangen ist und sichtbares Materie-Fleisch angenommen hat, mag man sich dem griechischen Denken entsprechend allenfalls aus pädagogischen Gründen eingehen lassen, um nicht nur die Gnade zu bewirken, sondern diese den Erlösten zugleich auch verständlich zu machen. Entscheidend ist jedoch, dass von Jesus Christus das unverminderte Gottsein des inkarnierten Sohnes geglaubt wird – und zwar im Unterschied zum griechischen Denken, für welches der inkarnatorische »Abstieg« in diese Welt zwangsläufig eine Seinsminderung bedeutet.

Chalcedon klärt, im Einklang mit den übrigen nachfolgenden Konzilien, die hypostatische Union Jesu Christi, die Einheit der »zwei Naturen« in der einen Person-Hypostase des Sohnes, »ohne Vermischung, ohne Trennung, ohne Durcheinander und ohne Wechsel«. Gleichwohl bleibt die griechische Perspektive auf das Dogma gemäß der verbreiteten hellenistischen Weltanschauung von einer Geringschätzung der Materie zugunsten der geistigen Welt geprägt. Die Auferstehung von den Toten stellt man sich eher als Befreiung vom irdischen Leib vor. Demgemäß kann das wahre Christusbild, das Bild des von den Toten auferstandenen, erhöhten Herrn, nicht durch tote Farben gezeichnet werden. Allein der ursprunglose Vater vermag seinen eingeborenen Sohn als Ausdruck seiner selbst zu zeugen. In diesem Sinn ist der Sohn »Bild« der Hypostase des Vaters als eigene Hypostase. Dieses »Bild« des Vaters d.h. die Hypostase des Sohnes zu »schauen« (Theoria), kann nicht anders als im Heiligen Geist geschehen; darin besteht das ewige Leben. Der Sohn kann nicht »umschrieben« (i.S. von zeugen, definieren) werden, außer durch den Vater allein. Für die Kreatur, erst recht für die materielle, ist der Sohn unumschreibbar (vgl. gr. »perigraphein« bei Basilius und Gregor von Nyssa), also auch nicht malbar, weil der Maler das Wesen des Sohnes nicht seinem Gottsein nach auszudrücken vermag. Das Bild Christi zu malen oder zu verehren muss aus dieser Perspektive als christologische Häresie erscheinen. Dementsprechend fällt das Konzil von Hiereia 754 keineswegs ohne sachlich begründete Überzeugung das vom Kaiser gewünschte Urteil.

Doch auch die Sichtweise jener, die für die Bilder eintreten, ist nicht ohne Plausibilität. Ihre Theologie, ihre Ontologie und ihre Bildauffassung unterscheiden sich jedoch wesentlich von jener der Ikonoklasten. Die Befürworter der Bilder beziehen sich z.B. auf Cyrill von Alexandrien und betonen mit ihm die Bedeutung der Fleischwerdung des Sohnes, ohne, entgegen der zu jener Zeit herrschenden Meinung, das Fleisch in einem ontologisch geringwertigen Sinn zu deuten. Erlösung bedeutet für Cyrill nicht – ebenfalls im Unterschied zur vorherrschenden hellenistischen Weltsicht – die geistigen Seelen aus den Gräbern des materiellen Leibes (vgl. platonisch: »sōma - Leib«– »sēma - Grab«) zu befreien, sondern vielmehr den Leib zu retten, der infolge der (Erb-)Sünde dem Tode verfallen ist. Somit hängt nach Cyrill's Auffassung die Erlösung an der Inkarnation, dass das Wort tatsächlich Fleisch geworden ist. Durch die Annahme der Menschennatur durch den Sohn ist die Menschheit erlöst. Hierin besteht der wunderbare Tausch der Erlösung, worin die Selbsterniedrigung des Sohnes unsere Annahme als Söhne bewirkt. Nicht zu Unrecht hat man einer derartigen Auffassung eine physische Erlösungslehre unterstellt.

Johannes von Damaskus, der wohl wichtigste Verteidiger der Bilder während der ersten Phase des Bilderstreits unterscheidet insgesamt 6 Kategorien, wie das Wort »Bild« ausgesagt wird: Als höchste Verwirklichungsform des Bildes erscheint das wesensgleiche Bild, weil in diesem Fall die Teilhabe des Abbildes am Urbild am größten ist. Dieser Bildbegriff ist verwirklicht, insofern der Sohn hinsichtlich der Dreifaltigkeit Gottes das »Bild« des ewigen Vaters ist.

Die geringste Vollkommenheit eines Bildes – aufgrund der am geringsten verwirklichten Teilhabe des Bildes am Urbild – kommt den sichtbaren, gemalten Bildern zu, die durch ihre Abbildung lediglich an etwas erinnern, das sie jedoch nicht selbst verwirklichen, sondern worauf sie lediglich hinweisen. Diese im ontischen Sinne schwächste aller Verwirklichungsformen des Bildes sieht Johannes von Damaskus im Fall der gemalten Ikonen-Bilder gegeben.

Sowohl auf Seiten der Bilderverteidiger als auch auf Seiten der Kritiker geht man also trotz unterschiedlichem Bildverständnis von einem gemeinsamen Paradigma aus, an dem der Begriff eines Bildes sich bemisst. Dieses Paradigma ist die Teilhabe in einem seinsmäßigen Sinn, jene Teilhabe, dergemäß ein Bild eine größere oder eine weniger große Vollkommenheit besitzt. Den höchsten Vollkommenheitsgrad besitzt demzufolge das wesensgleiche Bild, da hier die Teilhabe maximal erfüllt ist, den geringsten Vollkommenheitsgrad die gemalte Ikone als Vertretungssymbol für eine andere Wirklichkeit als sie es selbst ist. Dennoch ist nach Auffassung des Johannes von Damaskus sogar bei den Ikonen eine gewisse Form der Teilhabe, wenn auch die geringste, realisiert. Aufgrund dieser Teilhabe kann seiner Meinung nach auch die Ikone als gnadenvermittelndes Heiligtum angesehen werden, so dass man sagen kann: Wer die Ikone sieht, schaut (in-über dem Ikonenbild) auf Christus selbst.

Trotz der Dominanz der theologisch durchaus begründeten Bilderskepsis kehren sich dennoch, wenngleich zunächst nur für kurze Zeit, die Verhältnisse im Bilderstreit um. Irene (752-803), die Frau des Kaisers Leon IV., über-nimmt nach dessen Tod 780 die Herrschaft als Mitkaiserin anstelle ihres noch unmündigen Sohnes Konstantinos VI. (771-797). Sie blieb ohne wirkliche Machtbasis in Armee und Innenpolitik. Steuersenkungen führten nicht zur erhofften Akzeptanzsteigerung, sondern vielmehr zu erheblichen Finanzproblemen des Staates. Da Irene als Frau gemäß römischem Recht nicht Oberbefehlshaberin des Heeres, und daher – nach dem Tod ihres Sohnes – alleine nicht im eigentlichen Sinn Kaiserin sein konnte, da der Kaiser qua Amt Oberbefehlshaber des Heeres ist, führte dieser Umstand zu einer Schwächung des ganzen byzantinischen Kaisertums sowie des byzantinischen Reiches, als der Westen unter Papst Leo III. sich unter die Schutzmacht der Franken begibt und Karl d. Gr. im Jahr 800 zum römischen Kaiser krönt. Irene wird 802 abgesetzt und stirbt 803 im Exil.

Die Neuausrichtung der staatlichen Religionspolitik im Bilderstreit kann nicht ohne diesen politischen Kontext gesehen werden, nämlich das verzweifelte Bestreben Irenes, die Erfolglosigkeit, Schwäche, fehlende Autorität und Akzeptanz ihrer Regentschaft umzukehren, jenes Bestreben, das sie zu populistischen Steuersenkungen veranlasste, welche zu einem Einbruch der Staatsfinanzen und so zur zusätzlichen Schwächung ihrer Regentschaft führten. Auch Zeitpunkt und Art der Maßnahme, die staatliche Position im Bilderstreit umzukehren, erscheinen politisch motiviert. 787 beruft Irene ein Konzil nach Nicäa, welches die Kehrtwende im Bilderstreit vollzieht. Dabei wird das vorangegangene Konzil von Hiereia von 754 für ungültig erklärt, freilich ohne sich mit den der Bilderskepsis zugrundeliegenden theologischen Fragen eingehend zu beschäftigen. Man rehabilitiert Johannes von Damaskus und schließt sich seiner gemäßigten Position an, welche aufgrund ihrer sechsfachen Unterscheidung im Bildverständnis weit genug ist, um sowohl das Bildverständnis der Ikonoklasten einzuordnen (1. Stufe) als auch die gemalten Bilder (6. Stufe) zuzulassen. Erlaubt wird die **Verehrung** der (nunmehr mit dem Namen des Dargestellten zu beschriftenden) Bilder im Unterschied zur **Anbetung**, welche Gott allein zukommt. Der Konzilsbeschluss lautet, alle kirchlichen Traditionen bewahren zu wollen, wobei die Ikonenmalerei de facto eine dieser Traditionen darstellt.

Nach der Absetzung Irenes gelangt mit Nikephoros I. (um 760-811) ein Finanzverwalter an die Macht. Steuererhöhungen zur Stabilisierung der Staatsfinanzen und ein Abkommen mit Karl d. Gr. über die gemeinsamen Grenzen beider Reiche, wodurch Rom, Ravenna und die Pentapolis dem Frankenreich vertraglich zugesprochen wurden, Niederlagen an den Reichsgrenzen im Norden und Osten sowie Tributzahlungen, wodurch Nikephoros Frieden zu erkaufen suchte, versagten auch seiner Herrschaft die Akzeptanz. Die erfolglose Politik der Schwäche setzt sich unter der kurzen Regentschaft von Michael I. fort, bis nach einer militärischen Niederlage 813 der Armenier Leon V. von den Truppen zum neuen Kaiser ausgerufen wird.

Leon V. bricht mit der Politik der Schwäche, gewinnt mehrere Schlachten gegen die Bulgaren, die zeitweise sogar Konstantinopel belagerten, und erreicht einen tragfähigen Friedensschluss. Mit Leon V. endet eine Phase außen- und innenpolitischer Schwäche. Zugleich bricht er mit der seit Irene praktizierten moderaten, bilderfreundlichen Religionspolitik und knüpft an die Politik der Stärke von Leon III. und Konstantinos V. an. Leon V. geht von neuem gegen die Bilderverehrung vor, setzt 815 mit Patriarch Nikephoros von Konstantinopel einen der führenden Bilderverehrer ab, erkennt das von Irene einberufene Konzil von Nicäa nicht an und tritt für eine verschärfte Verfolgung der Bilderverehrer auch in den Provinzen ein. Nach dem moderateren Michael II. setzt Kaiser Theophilos 832 per Erlass das Bilderverbot letztmals mit aller Härte durch. Nach ihm übernimmt seine Frau Theodora 842 die Macht anstelle ihres erst dreijährigen Sohnes. Theodora setzt die Verfolgungen aus, beruft 843 eine Synodenversammlung nach Konstantinopel, worin in Anknüpfung an das zweite Konzil von Nicäa die Bilderverehrung wieder zugelassen wird. Im Unterschied zur ersten Phase des Bilderstreits hatte sich seit dem zweiten Konzil von Nicäa 787 ein fortgeschrittenes, gereiftes ontologisches und theologisches Verständnis des Bildes etabliert, welches sich als tragfähig erweisen sollte, um den Bilderstreit an den Wurzeln zu überwinden.

Den entscheidenden Beitrag zur theologischen Überwindung des Bilderstreits stellte eine neue Bildauffassung dar. Bereits Johannes von Damaskus hatte durch seine sechsfache Unterscheidung der Bedeutung von »Bild« die Möglichkeit eröffnet, das vorherrschende, von den Ikonoklasten vertretene, am ontologischen Paradigma der Teilhabe ausgerichtete orientalische Bildideal von den gemalten Ikonenbildern zu unterscheiden. Allerdings blieb dabei trotz dieser Unterscheidungen auch bei Johanns von Damaskus das Verständnis von der ontologischen Teilhabe bestimmend. Ein (Ab-)Bild bleibt demzufolge per se Naturbild, d.h. es steht in einem ontischen Wesenszusammenhang zum Urbild. Je nach dem Maß der Teilhabe steht das (Ab)Bild in einem näheren oder ferneren Verhältnis zum Urbild – weil ja grundlegend ein Seinszusammenhang, die Teilhabe aller Seienden am Sein, besteht. Nikephoros († 828), Patriarch von Konstantinopel, legt nun ein gänzlich anderes Bildverständnis vor, das nicht mehr am Paradigma der Teilhabe ausgerichtet ist. Nikephoros versteht das Bild in einer reinen Ähnlichkeitsbeziehung auf das im Bild Abgebildete ausgerichtet. Ein solches Bild umschreibt demzufolge in keiner Wese das Wesen eines Urbilds, es ist kein natürliches Bild, es nimmt nicht in einem ontischen Sinn am Wesen des Urbildes teil. Das Bild als künstlerisches Bild steht in keinerlei Wesenszusammenhang, sondern lediglich in einer nachträglichen, bloß relationalen, zeichenhaft hingeordneten **Ähnlichkeitsbeziehung** zu dem, was es darstellt. Gemäß Auffassung des Nikephoros kann ein Bild, wenn es um das Bild eines gestaltenden Künstlers geht, lediglich die leibhafte, sichtbare, äußere Gestalt von etwas abbilden im Sinne bloßer Ähnlichkeit, ohne in einen inneren Zusammenhang zu dessen Wesen zu treten.

Auf dieser Basis setzt der Beitrag des Theodor von Studion (759-826) an: Wenn der Sohn wirklich Mensch, der Logos Fleisch geworden ist, dann ist die Person-Hypostase des Sohnes in hypostatischer Union wahrhaft Mensch, ohne dass das Gottsein des Sohnes dadurch beeinträchtigt wäre. Somit ist der Sohn in Person als Mensch auf Erden sichtbar geworden. Auf dieses konkrete menschliche Antlitz des Sohnes richtet sich das gemalte Christus-Bild. Die Ikone verfolgt nicht den Anspruch, das Wesen des Sohnes zu »umschreiben«, sie richtet sich auch nicht auf eine angenommene »Menschheit« des Sohnes in einem abstrakten Sinn. Das gemalte Ikonenbild bleibt auf den Bereich des sinnlich-anschaulichen beschränkt, den es nicht übersteigt. Nur der Vater kann seinen eingeborenen Sohn in seiner Zeugung vor aller Zeit im eigentlichen Sinn »umschreiben«. Das Allgemeine wie z.B. »Menschheit« oder »Schönheit« kann nur geistigerweise durch den Verstand erfasst werden. Die Sinne hingegen vermögen es, lediglich sinnlich Wahrnehmbares wahrzunehmen, etwas im materiell Verwirklichtes, dem per se eine Anschauung zukommt. Von eben dieser Art sind auch die gemalten Ikonen-Bilder. Sie sind letztlich und zutiefst darin ermöglicht, dass der Sohn, das »Bild« des Vaters in einem transzendenten Sinn, wahrhaft Fleisch geworden ist, und im sichtbaren Antlitz seiner Menschgestalt vor aller Welt sich selbst kundgetan hat. Auf diese Menschgestalt des Sohnes zielt das gemalte Ikonenbild ab, und zwar in der Relation bloßer Ähnlichkeitsbeziehung, ohne zu beanspruchen, den Sohn seinem eigentlichen Wesen nach adäquat zu umschreiben. Insofern wird die hypostatische Union des Sohnes nicht geleugnet. Die eindeutige Beschriftung des Ikonenbildes soll anzeigen, wer in Person mit der künstlerischen Darstellung eigentlich gemeint ist.

So ist es Sache des Bildes, den Betrachter über das Bild hinaus auf denjenigen selbst zu verweisen, dessen sichtbare Gestalt das Bild rein äußerlich darstellen will, der jedoch im

Bild nicht selbst eingefangen, definiert der vergegenständlicht ist. Das Ikonenbild markiert einen Hinweis auf jemand anderen als es im Wesen des Bildes selbst liegt. Das gemalte Ikonenbild besitzt bloßen Hinweischarakter. Genau darin besteht sein eigenes Wesen. So ist es Sache des Malers, Christus selbst zu verkünden. Der menschliche Betrachter aber kann das Bild gebrauchen, um in-über der künstlerischen Darstellung auf die Person dessen zu schauen, den das Bild zur Ehre Gottes verkündigen will.

Durchbruch der Nikolaus-Verehrung im 9. Jhd.

Der Ausgang des Bilderstreits zugunsten der Ikonen und der im Volk populären Heiligenverehrung bedeutete zugleich einen umfassenden Durchbruch für die Verbreitung der Nikolaus-Verehrung.

Wichtige Personen auf Seiten der Bilderfreunde hatten sich bereits zuvor als große Verehrer des heiligen Nikolaus hervorgetan. Methodius I., in der zweiten Welle des Bildersturms unter Leon V. 821 als Bilderfreund verhaftet und 829 rehabilitiert, wurde 842/43 Patriarch von Konstantinopel. Er führte das Ende des Bilderstreits mit herbei. Methodius hat als Autor der Nikolaus-Vita »Methodius ad Theodorum« (S. 92), allerdings eher nicht des ihm zugeschriebenen »Enkomion Methodii« (S. 94),[46] welche Erzählstücke aus der Vita des heiligen Nikolaus sowie aus seinen Wundertaten darbieten und den Ruhm des Nikolaus verkündigen, sehr zur Verbreitung der Nikolaus-Verehrung beigetragen. Inhaltlich ist er dabei der »Vita per Michaelem« verpflichtet (s.u. Kapitel 4).

Theodor von Studion (ca. 759-826), einem der einflussreichsten Vertreter auf Seiten der Bilderfreunde und Abt des Studionklosters in Konstantinopel, wird der älteste überlieferte Hymnus für den Nikolaus-Festtag am 6. Dezember zugeschrieben. Darin wird der heilige Nikolaus in 13 Strophen als der große Helfer in aller Not vielfach gepriesen. Der Hymnus nimmt Bezug auf die Erzählung von der »Prãxis«. Darüber hinaus zeigen die Strophen gewisse Anklänge an die »Vita per Michaelem« (S.72) sowie an das »Enkomion Methodii« (S.94).[47]

Joseph der Hymnograph (ca. 816-883), einer der bedeutsamsten Dichter liturgischer Texte in der Ostkirche und ebenfalls ein Bilderfreund, hat mehrere Kanones über Nikolaus verfasst,[48] worin dieser, in Anknüpfung an die Erzählung von der Rettung der drei Offiziere, immer wieder als der große Helfer in der Not gepriesen wird. Auf der Fahrt nach Rom von Piraten gefangen genommen und als Sklave in Kreta verkauft, soll ihm in dieser Not Nikolaus im Traum erschienen sein und ihn zur Nachfolge und zur Hymnendichtung ermuntert haben.

Gregor aus der Dekapolis, der als Lehrer Josephs des Hymnographen gilt, bezog auf seinen Wanderpredigten ebenfalls gegen die Bilderstürmer Stellung. Dazu reiste er schließlich sogar nach Konstantinopel, um dort gegen den Bildersturm Kaiser Leons zu predigen. Auch sein Schüler Hilarion von Konstantinopel, Abt des Dalmatiusklosters, positionierte sich gegen den Bildersturm Kaiser Leons und bezichtigte diesen der Ketzerei. Daher wurde er gefangen genommen und gefoltert.

Die heftige Auseinandersetzung zwischen den Parteien des Bilderstreits begünstigte auf Seiten der Bilderfreunde im Volk zugleich die Entstehung zahlreicher Literatur über die Heiligen und über ihr wunderbares Wirken. Auch die nun immer zahlreicher entstehenden Wundererzählungen legten auf ihre Weise Zeugnis von der Gottesnähe und zugleich Hilfsbereitschaft des Nikolaus in aller Not ab. Das Grundmotiv aus der Erzählung der Prãxis wird so in diverse Lebensbereiche übertragen, anschaulich konkretisiert und mannigfaltig ausgemalt. Die Thaumata Tria, drei Wundererzählungen für den Nikolaus-Festtag, sowie der zweite Teil des Enkomion Methodii d.h. die drei darin enthaltenen »Thaumata post mortem« [Wunder nach seinem Tod], die zusammen mit den Thaumata Tria auch als eigenständige Sammlung Verbreitung fanden, belegen, wie derartige Wundererzählungen in Sammlungen zusammengestellt Verbreitung fanden und als fester Bestandteil in die Vita-Erzählungen über den heiligen Nikolaus wie z.B. in die Vita per Michaelem eingegangen sind.

Die narrativen und poetischen Ausdrucksformen machten analog zu den Ikonen-Bildern auf literarische Weise die Heiligen mit ihrem Leben und Wirken anschaulich und wirkten auf diese Weise im Bilderstreit zugunsten der Ikonen bei. Das ikonenfreundliche Ende des Bilderstreits bestätigte diese anschaulichen Ausdrucksformen religiöser Heiligenverehrung und verhalf diesen zu weiterer Blüte.

Von der besonderen Popularität des heiligen Nikolaus zeugen auch die vielen überlieferten Festreden (Enkomien) zu dessen Ehre an seinem Festtag, wie z.B. das Enkomion des Georg von Nikomedien aus der Zeit vor 860, als dieser noch als Diakon an der Hagia Sophia und als Chartophylax tätig war, das Enkomion Methodii, das Enkomion des Niketas, Bischof von Dadybra in Paphlagonien oder das Enkomion des Kaisers Leon des Weisen (886-912), worin dieser seinen Dank für die Hilfe des heiligen Nikolaus aus seiner schweren Krankheit zum Ausdruck bringt. Als herausragend gilt jenes Enkomion, das Andreas von Kreta (um 660-740) zugeschrieben worden ist. Die starke Abhängigkeit des Textes von der Vita per Michaelem sowie vom Enkomion Methodii sprechen jedoch für seine spätere Entstehung.[49] Die Verbreitung dieses Enkomion war so groß, dass 70 Handschriften nachzuweisen sind, die diese Rede bezeugen, die dereinst als Festrede an einem Nikolaus-Tag in der Nikolaus-Kirche in Myra gehalten worden ist.

Von der besonderen Popularität des heiligen Nikolaus zeugt auch die Verbreitung seines Namens als zunehmend gebräuchlicher Eigenname in der Bevölkerung. Noch im 8. Jhd. begegnete der Name »Nikolaus« zunächst nur regional verbreitet, insbesondere in Lykien und in Konstantinopel. So trugen von den insgesamt 457 Unterzeichnern der Beschlüsse des II. Konzils von Nikaia im Jahr 787 nur 6 den Namen Nikolaus. Im 9. Jhd. hingegen ist der Name »Nikolaus« bei zahlreichen Mönchen, Bischöfen und Amtsträgern auch außerhalb Lykiens und Konstantinopels überliefert. »Nikolaus« hat sich als Eigenname fest eingebürgert.[50]

Wie sehr Nikolaus als Heiliger eine herausragende Stellung eingenommen hat, hatte sich bereits in der Erzählung von der Prãxis angedeutet. Man betrachtete Nikolaus als einen Heiligen, der bereits in seinem irdischen Leben von den Kennzeichen himmlischer Existenz engelähnlich durchdrungen war, der als Bischof von Myra dem Kaiser im fernen Konstantinopel im Traum erscheinen konnte und auch weiteren Personen erschienen ist. Man glaubte Nikolaus der irdischen wie auch der himmlischen Sphäre zugehörig. Als Mensch auf Erden lebend fand man in ihm die Kennzeichnen des verklärten himmlischen Leibes. Nach seinem Tod mit Christus und allen Engeln und Heiligen im Himmel verherrlicht, sah man in ihm eine Mittlergestalt, der die Hilfe von Gott in jeglicher Notlage zu vermitteln wusste. Diese Einheit himmlischer und irdischer Existenz war es, was die Besonderheit der Nikolaus-Verehrung im Unterschied zu anderen Heiligengestalten ausmachte. Daher verehrte man Nikolaus als eine Art »Über-Heiligen«, wie es Niketas von Dadybra in Paphlagonien zum Ausdruck gebracht hat.[51] Nikolaus erschien insofern größer als all die gewöhnlichen Heiligen. Während diese sich durch ihr je spezifisches Charisma auszeichneten, das ihnen aufgrund ihres Lebenswandels auf Erden zueigen geworden war, glaubte man bei Nikolaus die »Fülle« gegeben, die ihn zu einem Helfer für den ganzen Erdkreis machte, zu einem Helfer in jeder Not. Niketas nannte ihn daher einen »zweiten Erlöser«. In zahlreichen Texten aus dem 9. Jhd. begegnen Bezeichnungen wie z.B. »der Große«, Attribute wie »göttlich«, »Engel auf Erden« oder »Retter«, so dass Nikolaus über die normalen Heiligengestalten erhoben, nahe an die Gottesmutter Maria herangerückt erschien.[52]

In der von Kaiser Basileios I. (867-886) im Palast errichteten, im Jahr 881 geweihten prachtvollen neuen Kirche, der sog. »Nea Ekklesia«, die das Wahrzeichen seiner Herrschaft werden sollte, fand diese besondere Stellung des heiligen Nikolaus ihren sichtbaren Niederschlag. Geweiht war die neue Kirche auf Christus, den Erlöser, sodann auf die Gottesgebärerin Maria, den Erzengel Michael, den Propheten Elija sowie auf den heiligen Nikolaus. In der Ausstattung der Kirche wurde Christus in der mittleren Hauptkuppel von Engeln umgeben dargestellt, die vier seitlichen Kuppeln wurden je mit einer der vier genannten Heiligengestalten ausgemalt. Der Kaiser ließ erbauen, was man glaubte. Und man glaubte so, wie es vermittelt wurde.[53]

Ein ähnlicher Regelkreis zeigt sich für die Nikolaus-Verehrung im 9. Jhd. insgesamt: Wundererzählungen, Vita-Erzählungen, Enkomion-Festreden, Hymnen und Ikonen-Bilder verherrlichen Nikolaus in einem überaus hohen Maß, worin der hohe Verbreitungs- und Durchdringungsgrad der Nikolaus-Verehrung im 9. Jhd. sichtbar wird. Zugleich beförderte diese umfänglich verbreitete Nikolaus-Verehrung seinen Kult nur noch mehr im Rahmen fester religiöser Praxis und Kultur. An der Nikolaus-Verehrung zeigt sich, welchen Verlauf der Bilderstreit genommen hat.

Kapitel 4

»Vita per Michaelem« – Vita im Kontext des Bilderstreits

Nikolaus-Vita als neuartige literarische Komposition

Die zunehmende Verbreitung der Heiligenverehrung, auch in Form der Verehrung ihrer Bilder, die in der literarischen Ausmalung ihrer Vita eine Entsprechung findet, wird durch die Auseinandersetzungen im Bilderstreit auf Seiten der Bilderfreunde zusätzlich begünstigt. Die Erzählungen über die Heiligen und ihre Wundertaten malen analog zu den Ikonen-Bildern auf literarische Weise aus, wer die Heiligen eigentlich sind, d.h. wie sehr diese in der Gnade Gottes stehen und daher um Fürbitte angerufen werden können. Zu diesem Ziel machen die Erzählungen die Heiligen konkret anschaulich und tragen so zur weiteren Verbreitung ihrer Verehrung bei.

Die »Vita per Michaelem« stellt die früheste überlieferte Erzählung einer Nikolaus-Vita dar, jener neuen Textgattung, worin einzelne Wundererzählungen oder bereits bestehende Sammlungen durch redaktionelle Stücke miteinander verbunden und zu einer Gesamterzählung über den Heiligen als solchen auskomponiert werden. Dass die »Vita per Michaelem« Neuland betritt, ist dem Autor bzw. Redaktor durchaus bewusst und wird in n.2 ausdrücklich angedeutet. Demnach sei das Wirken des heiligen Nikolaus bis jetzt bei den meisten noch unbekannt. Lediglich die Erzählung der »Prãxis« von der Rettung der drei Offiziere war bisher verbreitet. Daher ist es das Ziel der vorliegenden Schrift, »eine zuverlässige Ausführung [Exegese] über diesen großen Hohenpriester« darzustellen.

Die Wahrheit der Nikolaus-Vita

»Zuverlässig« [gr. »saphēs«] soll die Darstellung sein, »genau«, »wahrhaftig«. Die antike Geschichtsschreibung war stets an dem Ideal orientiert, die Wahrheit über jemanden auszusagen, und diese in Form eines literarisch anspruchsvollen Kunstwerks zum Ausdruck zu bringen. Denn Literatur galt gemäß antikem Verständnis als eine Kunst und wurde den sieben sog. freien Künsten (artes liberales), welche eines freien Menschen würdig galten, zugerechnet.[54]

Dieses Ziel, die Wahrheit über eine historische Person zum Ausdruck zu bringen, versuchten antike Historiker auf dem Weg einer kunstvollen, literarisch anspruchsvollen Darstellung zu erreichen. Die antike Geschichtsschreibung gehört zum Bereich der Literatur; sie ist keine exakte Wissenschaft im modernen Sinn. Das Interesse der antiken Historiker ist auf die Verkündigung der betreffenden Person gerichtet, nicht etwa auf biographische Daten in einem heutigen Sinn von protokollarischer Exaktheit. Unter dieser Rücksicht schöpften die Verfasser aus den ihnen vorliegenden Quellen und den ihnen bekannt gewordenen diversen Überlieferungen, um das Quellenmaterial entsprechend ihrer Zielsetzung zu arrangieren.

Für einen griechischen Historiker in der Nachfolge Herodots war es ausschlaggebend, das Ergebnis seiner eigenen »Erkundungen« (gr. »historia«) darzulegen, welches der Verfasser freilich in Form eines literarisch anspruchsvollen Kunstwerks schriftlich niederlegte. Momente der gezielten Stoffauswahl mit Auslassungen, Verkürzungen oder auch Ergänzungen waren als Methoden selbstverständlich. In der römischen Geschichtsschreibung richtete sich der Fokus stärker auf Zusammenhänge, blieb dabei aber durchaus interessengeleitet. Dies galt z.B. auch für Tacitus, bei dem rhetorische Momente bestimmend blieben. Die Verwebung von Fakten, Interpretationen und Anekdoten, die Verwischung der Grenze von Tatsächlichem und Mythischem wie in den »biographischen« Heldenerzählungen über Alexander d. Gr., die Form der Darstellung mittels kunstvoller und rhetorischer Stilmittel oder etwa die Komposition von Reden, die in ihrem Wortlaut frei erfunden sind, stellen Selbstverständlichkeiten antiker Geschichtsschreibungs-Literatur dar. Auf solch kunstvolle Weise sollte die Wahrheit über eine historische Person zur Darstellung kommen. Dabei ist der Wahrheitsbegriff ein anderer als jener, der dem heutigen Ideal möglichst exakter, objektiver Protokollsätze zugrunde liegt. Um Wahrheit aber ist es der antiken Geschichtsschreibung gleichwohl angelegen.

Den Verfassern der Evangelien geht es darum, Jesus als den Christus zu verkündigen und daher diese zentrale Wahrheit von Jesus Christus zum Ausdruck zu bringen. Im Markusevangelium, in dem das »Evangelium« d.h. die Botschaft von Jesus, dem Christus, erstmals in der Form dieser neuen, spezifischen Textgattung begegnet, erfolgt diese Verkündigung insbesondere mittels der Erzählungen von Wundern und Exorzismen.

Paulus hingegen, vier Jahrzehnte zuvor, kennt weder Wunder noch Exorzismen. Paulus bezieht sich im 1. Korintherbrief auf das Evangelium insgesamt als den »Grund, auf dem ihr steht« (1 Kor 15,1c): »Denn vor allem habe ich euch überliefert, was auch ich empfangen habe: Christus ist für unsere Sünden gestorben, gemäß der Schrift, und ist begraben worden. Er ist am dritten Tag auferweckt worden, gemäß der Schrift, und erschien dem Kephas, dann den Zwölf« (1 Kor 15,3-5). In dieser Aussage begegnet die Botschaft des Evangeliums von Jesus, dem Christus, dem erhöhten Herrn, in einer ursprünglichen, sehr frühen schriftlichen Form, inhaltlich auf den Nukleus fokussiert, ohne die für die späteren Evangelienschriften typische narrative Ausarbeitung.

Das Lukasevangelium hingegen macht sich ausdrücklich das Ideal der hellenistischen Geschichtsschreibung zueigen und bezieht sich auf die »Erkundungen« (gr. »historia«), von denen Herodot sprach. Daher macht der Verfasser im Proömium deutlich, dass er alles von Anfang an sorgfältig erkundet hat (Lk 1,3). Er hat sich mit den bekannten mündlichen und schriftlichen Quellen beschäftigt (V1) und beruft sich auf das Zeugnis der Zwölf, die von Anfang an dabei waren und alles gesehen haben (V2). Inhaltlich will der Evangelist über all das schreiben, was Jesus getan und gelehrt hat, einschließlich der Beweise, die Jesus nach seinem Tod und Auferstehen vierzig Tage lang den Aposteln gegeben hat dafür, dass er lebt (Apg 1,1-3). Inhaltlich geht es also um all das, was auch Gegenstand einer Gemeindekatechese ist, die durch das hier Vorgelegte nochmals fundiert erhärtet werden soll (V4). Sich von der Gewissheit dieser Katechese zu überzeugen, ist das Ziel der Schrift und beschreibt das Interesse des Verfassers. Dazu will der Evangelist alles geordnet, der Reihe nach aufschreiben (Lk 1,3).

Die Mittel, dies zum Ausdruck zu bringen, sind freilich literarischer Art, derart wie die antike Geschichtsschreibung zur Literatur gehört. Die Lk-Darstellung erscheint demgemäß ausgeprägt narrativ, kunstvoll erzählend, anschaulich porträtierend. Der Evangelist Lk verkündigt, indem er narrativ illustriert. Der Evangelist erzählt die eine, große Geschichte über Jesus Christus anhand vieler kleiner Episoden. Dabei hält er sich an seine Quellen, ordnet die Stoffe gezielt an, verbindet die Episoden zuweilen durch allgemeinere Summarien und schafft Übergänge. So reiht der Evangelist oftmals Blöcke aus einzelnen Quellen aneinander. Erzählerisch soll die Wahrheit über Jesus zur Darstellung kommen und so die Christus-Verkündigung anschaulich fundieren.

In methodisch analoger Weise bringt die »Vita per Michaelem« die Wahrheit über den heiligen Nikolaus zum Ausdruck: Wer dieser im Eigentlichsten gewesen ist; wie sehr dieser derart außergewöhnlich von Gottes Gnade durchdrungen war, dass er – wie es die »Prãxis« betont und wie es allgemeine Auffassung unter den Gläubigen geworden war – in seinem irdischen Leben als Bischof bereits über den verklärten, himmlischen Leib verfügte, während er nun nach seinem Tod nicht aufhört, die Gnade Gottes zu vermitteln und allen, die ihn um Hilfe anrufen, vom Himmel her Hilfe in aller Art von Not zuteilwerden lässt.

Die »Vita per Michaelem« verkündet auf ihre Art die Wahrheit über den heiligen Nikolaus, und sie tut dies auf gänzlich narrative Weise, kunstvoll erzählend, anschaulich porträtierend. Die »Vita per Michaelem« verkündigt Nikolaus als den übergroßen Heiligen, als der er verehrt wird, indem sie die Übergröße seiner Person mittels der erzählten Wundertaten illustriert. Diese werden redaktionell verbunden und durch allerlei Erzählstücke zu seinem Leben (z.B. Kindheit, Eltern, Bischofswahl) angereichert, so dass eine Gesamterzählung in Form der vorliegenden Nikolaus-Vita resultiert. Diese bewährte sich in der Rezeption und diente in ihrer Struktur zugleich als Grundform einer Nikolaus-Vita und als Vorlage, die in den diversen späteren Vita-Erzählungen und Enkomien auf mannigfache Weise rezipiert und weiterbearbeitet worden ist.

Entstehung und Überlieferung

Die Entstehung der »Vita per Michaelem« ist für die erste Hälfte des 9. Jhd. anzusetzen. Für nachfolgende Texte wie das Enkomion Methodii, welches vor der Ernennung des Methodius zum Patriarchen 843 verfasst worden ist, oder das Enkomion des Georg von Nikomedien aus der Zeit vor

860 diente die »Vita per Michaelem« als Vorlage. Vermutlich dürfte der Text während der zweiten Welle des Bildersturms zwischen 814 und 842 abgefasst worden sein. Am Ende des Textes finden sich einige Hinweise auf die »gegenwärtige harte Situation«, auf »Gefahren« und »Bedrängnisse« (n.51). Nikolaus wird um seinen Beistand in dieser Lage angerufen. Nikolaus möge die »Beschlüsse jener zunichtemachen, die lügnerisch und gottlos gegen uns prahlen«. Aus dem erbetenen Beistand des heiligen Nikolaus nährt sich die Hoffnung, die »hereinbrechenden Schicksalsschläge und jede Verleumdung von außen« (n.52) zu überstehen. Die genannten Widrigkeiten lassen sich auf die Situation während des Bilderstreits hin interpretieren, als Leon V. erneut zu einer Politik der Härte überging oder Theophilos das Bilderverbot 832 per Erlass letztmals mit aller Härte durchzusetzen suchte. In dieser Phase ist die Abfassung der »Vita per Michaelem« aller Wahrscheinlichkeit nach anzusetzen.

Die »Vita per Michaelem« dürfte wohl kaum in Myra oder auch nur in Lykien entstanden sein. Bei einem lykischen Verfasser wäre die Aussage über Patara weniger vom Hörensagen genährt. Im Text aber wird von Patara als der ehemals bedeutendsten Stadt in Lykien gesprochen, »auch wenn es heißt [gr. ›legetai‹; ›gesagt wird‹], dass das jetzige [Patara] die Ausdehnung des Ortes kaum bewahrt haben dürfte« (n.3).

Wer der Verfasser der »Vita per Michaelem« gewesen sein könnte, ist weitaus weniger sicher, als es die Überschrift vermittelt. Der Autorenname »Michael« findet sich in den älteren Handschriften nämlich nicht. Ohnehin schweigt sich das Corpus des Textes darüber aus. Nur zwei von acht Handschriften der ersten Gruppe (Rezension I) nennen in der Überschrift einen Verfasser mit Namen: Eine Handschrift aus dem 12. Jhd. spricht von Michael, einem Mönch und Archimandrit; eine Handschrift aus dem 14. Jhd. nennt einen Methodius, Erzbischof und Märtyrer aus Patara. Die Handschriften aus der zweiten Gruppe (Rezension II), wovon die ältesten aus dem 10. Jhd. stammen, nennen alle einen Michael, den Archimandriten. »Archimandrit« deutet auf den Vorsteher eines Klosters hin. Die Bezeichnung wurde vereinzelt aber auch als Ehrentitel gebraucht und könnte sich auf einen bedeutsamen Mönch beziehen. Welcher Michael gemeint sein könnte, lässt sich letztlich nicht bestimmen. Dabei könnte es sich möglicherweise um Michael aus dem Studionkloster in Konstantinopel handeln, der eine Vita über Theodor (ca. 759-826) verfasst hat, den Abt des Studionklosters und Bilderfreund. Sicher auszumachen ist dies aber nicht. Auch ein anderer Michael wie z.B. Michael, Bischof von Synada, könnte gemeint sein, der sich als Bilderfreund gegen Leon IV. gestellt hatte und in der Verbannung starb. Insgesamt erscheint das Studionkloster als Herkunftsort für die »Vita per Michaelem« jedoch nicht unplausibel.[55]

Darüber hinaus wird ein gewisser »Leon« als Auftraggeber für die Abfassung der Schrift genannt, »eine verständliche Darstellung über diesen großen Hohenpriester« zu erstellen (n.2), da all das, was bisher über den heiligen Nikolaus vorliege, »wenig ausführlich« und zudem nur »schwer verständlich« sei. In der Korrespondenz von Abt Theodor finden sich Hinweise auf einen oder mehrere Leon, u.a. als Stifter eines Klosters sowie als Stifter eines Christusbildes. Dieser Leon könnte der genannte Auftraggeber sein. Aber auch in der von Michael von Studion verfassten Vita des Abtes Theodor ist von einem Leon die Rede. Als Abt Theodor nach Kaiser Leons Tod aus der Verbannung zurückkehren durfte, hat ein gewisser Leon sich seiner angenommen, der später selbst Mönch wurde und Theodor verbunden blieb. Da der Name Leon zu jener Zeit weite Verbreitung genoss, ist auch hier eine klare Identifizierung nicht möglich. Das Studionkloster als Herkunftsort der »Vita per Michaelem« zu sehen, erscheint jedenfalls plausibel. Sicher ist die Frage nach dem Verfasser aber ohnehin nicht zu beantworten.

Inhalte der »Vita per Michaelem«

[1] Der Text[56] eröffnet mit einem Lobpreis auf Nikolaus als den »göttlichen Hohenpriester Christi« [analog zu Jesus Christus, der in Hebr 2,17; 7,26 seinerseits als Hoherpriester bezeichnet wird und gemäß 1 Joh 2,1 unser aller Sachwalter beim Vater ist]. Sogleich stellt der Text Bezüge zum Weihnachtsfest her: Analog zur jährlichen Feier der aufgehenden Sonne der Gerechtigkeit [Bezug des lange umstrittenen Dezember-Termins des Weihnachtsfestes zur Wintersonnenwende] leuchtet auch Nikolaus selbst wie eine goldglänzende Wolke. Auch wird die Feier des Nikolaus-Gedenktags als Teil der Vorbereitung auf das Weihnachtsfest verstanden, so dass man sich durch die Nikolaus-Feier [adventlich-vorbereitend] »reinigt« für »das göttliche Wort«, das »Fleisch aus der heiligen Jungfrau« annimmt.

[2] Ebenso zur Vorrede gehört der Hinweis auf den Auftraggeber namens Leon, der in der zweiten Person direkt angesprochen wird. Dabei wird die Neuartigkeit dieser nun vorliegenden Auftragsarbeit hervorgehoben, nämlich eine »zuverlässige« [gr. »saphēs«: zuverlässig, genau, wahrhaftig] »Ausführung« [Exegese] über Nikolaus darzubieten, da sein Wirken mit Ausnahme der Erzählung von der Prãxis von der Errettung der drei Offiziere bei den meisten Gläubigen bisher weitgehend unbekannt geblieben ist.

[3] Der Text macht Angaben zur Abstammung des Nikolaus. So wird Patara als Herkunftsort genannt, welches dieser Aussage zufolge in Lykien einstmals die einzige Stadt von Bedeutung gewesen sei – im Gegensatz zur offensichtlich nur noch geringen Bedeutung Patara's zur Abfassungszeit der Vita im 9. Jhd. Die Eltern bleiben namenlos, werden

aber mit Hinweis auf ihre überaus vornehme Herkunft, ihr Vermögen, ihre Liebe zu Christus und ihre Gottesfurcht ausgezeichnet. [4] Dass ihnen im ersten Ehejahr Nikolaus geboren wird, wird auf Gottes Plan bezogen. Nikolaus selbst wird als Abbild Johannes des Täufers gewürdigt, der Vorläufer Jesu Christi und insofern mehr als ein Prophet ist (Mt 11,9-10). Ebenso wie dieser blieb Nikolaus der Erst- und Einziggeborene seiner Eltern. Zudem wird ein Wunder im Zusammenhang mit der Geburt des Nikolaus erwähnt: Seine Mutter blieb bei der Geburt von allen Schmerzen befreit, was möglicherweise einen Hinweis auf den »verklärten« Charakter bereits seines irdischen Leibes zum Ausdruck bringen soll. Gerade diese Auffassung von einem verklärten Leib hatte Nikolaus im Volksglauben zu einer Art über-Heiligen gemacht, wovon die Entstehung der Nikolaus-Verehrung im Zusammenhang mit der Prãxis von der Rettung der drei Offiziere geprägt ist.

[5] Nikolaus wird, analog zu Johannes dem Täufer oder gar analog zu Jesus als von Mutterschoß an von Gott geheiligt (Lk 1,15; Ps 71,6) gepriesen, was wiederum mit der Bedeutung in seinem späteren Leben korrespondiert. Eine Erzählung illustriert dies so: Nikolaus wurde zwar wie jeder Säugling an der Mutterbrust genährt, er habe jedoch gemäß der Fastenordnung mittwochs und freitags nur einmal die Brust genommen. [6] Das Heranwachsen des Nikolaus wird als ein Wachsen in den Tugenden gesehen, dazu vorherbestimmt, dem Bild des Sohnes Gottes gleichförmig zu werden (vgl. Röm 8,29). [7] Und so erschien auch das Engelgleiche für das Leben des Nikolaus angemessen. [8] Nikolaus ist in den Tugenden gewachsen und hat wie die klugen Jungfrauen auf das Öl in seiner Lampe geachtet (Mt 25,1-13), die er mit dem Öl des guten Handelns stets zu füllen bedacht war.

[9] Von seinen Eltern erbte Nikolaus ein großes Vermögen, aus dem er reichlich austeilte.[k]

[10]-[18] Ein Vater dreier Töchter gerät durch Satans Mißgunst in Armut und Elend. Es scheint, als bliebe kein anderer Ausweg als die Töchter ins Freudenhaus schicken zu müssen, um die Familie zu ernähren. Gott aber schickte ihm Nikolaus als guten Engel. Dieser nahm aus dem geerbten Vermögen Gold und warf es unerkannt nachts dem Vater ins Haus. Dieser nahm die Gabe als Mitgift und verheiratete seine älteste Tochter. Nikolaus wiederholte dies noch zwei weitere Male, so dass der Vater auch seine übrigen Töchter verheiraten und ihnen ein ehrbares Leben ermöglichen konnte. Bei der dritten Gabe aber legte sich der Vater auf die Lauer und konnte so Nikolaus identifizieren. Alles mündet in großen Dank zur Verherrlichung Gottes. [zum Volltext S. 84]

[19]-[24] Gott wollte das Licht des Nikolaus vor aller Welt zum Heil leuchten lassen (Mt 5,16) und hat ihn daher zum Bischof erwählt. Als das Bischofsamt in Myra neu zu besetzen war, bestimmte man auf Gottes Geheiß den ersten, der morgens die Kirche betrat, zum neuen Bischof von Myra: Dies traf auf Nikolaus zu, für den Gott diese Erwählung vorherbestimmt hatte.

[25]-[27] Nikolaus wurde zu einem sehr, sehr guten Hirten und zeichnete sich durch seine Rechtgläubigkeit aus. So wird betont, dass Nikolaus sich zu Jesus Christus als dem wesensgleichen Sohn Gottes des Vaters bekannte:[l] wahrhaft

---

[k] Topos in Anspielung auf Mt 19,21, um die Vollkommenheit des Heiligen in der Nachfolge Christi zu unterstreichen. Der Topos kommt in der Hagiographie immer wieder zur Anwendung, so z.B. in der Vita des Theodor von Edessa aus dem 9. Jhd.

[l] Darüber, was dies heißen mag, dass Jesus der Christus ist bzw. der Sohn Gottes des Vaters, hatte es über Jahrhunderte immer wieder

Gott und wahrhaft Mensch. [28] Betont wird auch, wie sehr sich Nikolaus gegen die Dämonen und gegen den Götzendienst einsetzte. [29] So hat Nikolaus auch den Artemis-Tempel zerstört, das größte Bauwerk in Lykien, und zwar bis hinab zu den Fundamenten. Die dort lebenden Dämonen zwang er zur Flucht.

[30] Vor allem aber zeigte sich Nikolaus als der bereite Helfer in aller Not. [31] So hat er die drei Offiziere gerettet. Der Inhalt der ursprünglichen »Prãxis« wird als bekannt vorausgesetzt, die Erzählung nicht wiederholt oder zusammengefasst. [32] Vielmehr wird gegen offenbar gehegte Zweifel an der »Prãxis« des Nikolaus der engelgleiche Charakter seines Lebens unterstrichen und dieser teilweise als Quintessenz seiner Tugend und seiner Askese dargestellt, worin er sich von Kindheit geübt habe. [33] Lediglich die Erscheinung vor Kaiser Konstantin im Traum wird nochmals eigens erwähnt [wohl als Beweis für den verklärten Leib schon auf Erden] und dass durch diese Erscheinung die Errettung bewirkt worden ist.

Weitere Beispiele, gleichsam als Episoden im Leben des heiligen Nikolaus, geben Zeugnis für seine wunderbare Hilfe. So folgt die Erzählung von der Errettung der Seeleute im Sturm [34]-[36] (Volltext s.u. S.88). Nikolaus erscheint auf hoher See, packt mit an und führt so das Schiff in den Hafen. Später erkennen ihn die Seeleute in der Kirche bei der Liturgie wieder. Nikolaus sagt ihnen im Gespräch ihre Sün-

---

nuancenreiche, heftige Streitigkeiten gegeben. Nikolaus wird in der Vita per Michaelem für den bilderfreundlichen Mainstream vereinnahmt. In dieser Sichtweise wird die Wesensgleichheit Jesu Christi mit Gott dem Vater derart hoch angesetzt, dass die theologisch eher gebildete, kritische Gegenseite immer wieder neu den Vorwurf eines Modalismus (Gott in seiner Zuwendung zur Welt hin mal als Vater, mal als Sohn, mal als Geist) oder Tritheismus (im einen Gott subsistieren drei Personen, die quasi wie drei Götter existieren) bestätigt sieht.

den auf den Kopf zu und bewirkt so deren eigentliche Rettung, nämlich die Rettung ihrer Seelen durch die Bekehrung von allen Sünden.

Die [später eingefügte] Erzählung von der Hilfe durch Nikolaus in der Hungersnot [37]-[39]] (Volltext s.u. S.90) beschließt den kleinen Zyklus an exemplarischen Wundererzählungen. Nikolaus bittet die Kapitäne einiger alexandrinischer Schiffe im Hafen von Andriake um einen kleinen Teil der Ladung für die lokale Bevölkerung, die unter einer Hungersnot leidet. Auf Betreiben des Nikolaus geben die Kapitäne schließlich einen Teil der Ladung frei. Bei ihrer Ankunft in Konstantinopel wird die Ladung wieder vollständig in Empfang genommen. Und alle preisen Gott ob seiner Großtat, die er durch den heiligen Nikolaus gewirkt hat.

[40]-[42] Die Werke des Heils, die Nikolaus während seines irdischen Lebens gewirkt hat, setzte er auch nach seinem Tod fort, auch vermittels des Myronöls, das aus seinem bestatteten Leib, ausströmte.

[43]-[48] Eine abschließende Erzählung verknüpft die beliebt gewordene Wallfahrt zum Nikolaus-Grab mit dem wunderbaren Wirken dieses Heiligen. Ein böser Dämon, der einst von Nikolaus aus dem Artemis-Tempel vertrieben worden war, will sich an Nikolaus rächen und hat dazu eine Gruppe von Wallfahrern ins Visier genommen. In der Gestalt einer Frau bietet er diesen ein Gefäß mit unheilvollem Öl an, auf dass sie das Öl als Gabe zum Grab des heiligen Nikolaus mitnehmen und in die dortigen Lampen füllen mögen. Nikolaus selbst aber erscheint ihnen in der folgenden Nacht und weist sie an, dieses Ölgefäß in die Tiefe des Meeres zu werfen. Als sie dies tun, entlädt sich das dämonische Unheil in aufschießendem Feuer, üblem Gestank und unruhiger See, so dass das Schiff bedrohlich herumgeworfen wird und die Lage aussichtslos erscheint. Die Wallfahrer

erkennen das dämonische Werk. Nikolaus aber schreitet ein und gebietet dem Meer Einhalt.

[49]-[52] Die Vita per Michaelem unterstreicht nochmals das heilvolle Wirken des heiligen Nikolaus, für das die dargestellten Erzählungen lediglich Beispiele sind. Der Text schließt mit einer Anrufung des heiligen Nikolaus und der Bitte um seinen Beistand in allen Bedrängnissen und Übeln.

Nachfolgend werden die drei großen Heilstat-Erzählungen aus der Vita in einer möglichst wörtlichen Übersetzung dargeboten [griechische Textgrundlage gemäß Edition von Gustav Anrich Bd. 1,113-139].

»Prãxis« von den drei Töchtern (n.10-17)

Die Erzählung der »Prãxis« von den drei Töchtern ist derart ausführlich gestaltet, dass unübersehbar bleibt, dass es sich ursprünglich um eine eigenständige Erzählung gehandelt hat.

[10] Es war einmal ein Mann aus ruhmreichem und gutem Hause; sein Lebensstandard war dementsprechend hoch. Dieser Mann war aus Hinterlist und Mißgunst Satans, der allzeit in Versuchung führt, die sich entschließen, Gott entsprechend zu leben, durch große Armut und Ausweglosigkeit abgestürzt und aus Wohlstand ins äußerste Unglück geschlagen worden. Dieser Mann hatte drei Töchter, wohlgeformt und schön und von beeindruckender Gestalt. Er war schon im Begriff, sie in ein Freudenhaus zu schicken und so den Lebensunterhalt für sich und seine Familienangehörigen zu verschaffen. Denn obwohl sie auf rechtschaffene Weise ihr Leben führten, wollte wegen ihrer Armut niemand von den stolzen Männern sie zur Frau nehmen. Auch niemand von denen, die noch schwächer dran waren und die noch weniger Besitz hatten, war so mutig, dies zu

tun. Und so wusste der Mann nicht mehr weiter und, völlig erschöpft vom andauernden Bitten zu Gott, kam er zur Entscheidung für den Plan, seine Mädchen in die Grube einer solchen Schande preiszugeben.

[11] Aber der menschenfreundliche Herr, der niemals will, dass ein zu ihm gehörendes Geschöpf der Sünde überliefert wird, schickte ihm einen guten Engel, den sozusagen göttlichen Nikolaus, der ihn zusammen mit seinem ganzen Haus aus der Armut und aus dem Verderben erlöste und zum alten Wohlergehen führte. Dies erfuhr nämlich der verehrte und wahrhaft gläubige Hausverwalter des Herrn, der er war und als der er sich erwies, und er trug jenes Salomonwort, voller Hilfe im Sinn: »Einen frohen Mann und Geber liebt Gott«, und »Wer sich eines Armen erbarmt, wird seinerseits ernährt« und ferner: »Sorge dich um Schönes [Gutes] vor dem Herrn und den Menschen«, und das am meisten passende hierher übertragen: »Rette, die in den Tod weggeführt werden« – Er [Nikolaus] wurde ihnen als bereitwilligster Helfer zum Beistand und rettete sie, als sie schon weggeführt wurden in den Tod eines sündig-ausschweifenden Lebens, durch die Beisteuerung von und Ausstattung mit Vermögen aus seinem eigenen Besitz.

[12] Aber sieh [nun selbst] den Verstand des Gerechten und die Art der Barmherzigkeit und gerate in Staunen, wie er seine Tugend nicht gern nach außen zeigte. Um so mehr werde voll Eifer, damit du auch selbst Erbarmen findest, der du in hohem Maß die Menschenfreundlichkeit Gottes nötig hast, oder um mit einem Herrenwort zu sprechen: »Wer sich erbarmt, wird Erbarmen finden«. Nikolaus, ein Vorbild an ungeheuchelter Züchtigkeit und an Mitgefühl, wollte als Urheber dem Mann Gutes tun aus seinem eigenen Vermögen und ihn zusammen mit seinen Töchtern herausführen aus der ihnen bereits bestimmten Schande und aus der entehrenden Tat. – Was tat er? Er sah ihm nicht ins Gesicht und unterhielt sich nicht über die Gabe oder über die Linderung,

zugleich hielt er jenen frei von der Scham, und zugleich war er bedacht, seine eigene Barmherzigkeit nicht hinauszuposaunen. Ein Bündel mit genügend Gold warf er in einer stillen Stunde durch die Tür in sein Haus, und ging dann schnell nach Hause.

[13] Der Bedachte fand es, als der Tag anbrach, und vor Freude vergoss er Tränen ohne Halten, er dankte Gott mit Staunen und Verwunderung und überlegte bei sich, von woher ihm wohl dieses Gut zugefallen sein mag. Dies nahm der Vater der Mädchen also als die wie von Gott gegebene Mitgift an, da er vermutete, dass dieser Glücksfund eine hinreichende Aussteuer sei; und er richtete seiner ersten Tochter auf unübertreffliche Weise eine Brautgemachsfeier aus; und indem er sie durch die Vermittlung des heiligen Nikolaus vermählte, ermöglichte er ihr ein ehrenvolles Leben mit Herzensfreude und Glück.

[14] Dies nahm der Mann Gottes und großherzige Wohltäter zur Kenntnis und er sah, wie seine gute Tat zu einem guten Werk und Heil geführt hat; und so warf er zu dem Ziel, die Hochzeit der zweiten Tochter zu ermöglichen, einen weiteren, zu einer stillen Stunde einen ebenso großen Bund mit Gold durch seine Tür, und begab sich mit Eile nach Hause.

[15] Dieser aber, als er des Morgens die Schwere des Schlafs ablegte, fand er zu seiner Verwunderung unerwartet die gleiche Gabe von Gold. Da neigte er sein Gesicht zur Erde, und mit Dankesseufzern, wie es recht ist, verkündete er zu Gott, dass er den Mund gar nicht zu ihm öffnen könne, weil er so bestürzt war ob der Verdoppelung der segensreichen Tat. Mit Herzensgebeten und wortlosen Gebeten sprach er: »Zeige mir, o barmherziger Herrscher, deinen Engel unter den Menschen, der uns neulich so gutes erwiesen hat. Zeige mir, wer uns diesen deinen so reichen Schmaus bereitet hat, und was für einer dieser ist, der aus deiner reichen Güte ohne Maß uns Niedrigen das Heil

schenkt, durch das ich uns aus dem erwarteten Sündentod und aus der gefürchteten Armut herausziehen werde. Denn siehe, durch deine unerwartete Hilfe gebe ich nun auch meine zweite Tochter in eine rechtmäßige Ehe und, da die Vorsehung uns vor der Verzagtheit verschont hat, anstelle des Frevels versetze ich sie in den Zustand einer Freien. Ich rühme deinen allheiligen Namen und preise dein grenzenloses Gutsein zu uns Unwürdigen.«

[16] In der Folge verheiratete der Vater in ähnlicher Weise wie bei der ersten Tochter so auch die zweite mit einem Mann, indem er die durch seinen Diener Nikolaus vermittelten Gaben Gottes dafür einsetzte. Nüchtern und aufmerksam wachte der Vater in den kommenden Nächten; er lauerte darauf, wie derjenige auch seiner dritten Tochter die Mitgift darbieten würde, der unerkannterweise schon ihren Schwestern solch eine Zuwendung dargeboten hat. Und dann werde er seiner mächtig, da er nicht unbemerkt zu ihm kommen kann, wenn er sich wach hält. Als der Mann darüber seinen Gedanken nachhing und fleißig wachte, da näherte sich Nikolaus, der Verehrer und Diener der Dreifaltigkeit und dieses einen der heiligen Dreifaltigkeit, Christus, unser wahrer Gott. Und wieder an dem bekannten Ort bei tiefer Nacht, weil er auch die dritte Tochter des Mannes ebenso tatkräftig verheiraten lassen wollte, warf er ihm durch denselben Lichtschacht eine ebenso große Gabe von Gold und zog sich dann in aller Stille von dort zurück.

[17] Als der Vater die Ankunft des hineinfallenden Goldgeschenks bemerkte, kam er schnell aus dem Haus herab, holte im Lauf den Heiligen ein, erkannte ihn, wer er war, warf sich selbst kopfüber mit Wimmern zu dessen Füßen nieder, dankte ihm tausendmal mit vielen Worten und nannte ihn »Retter gleich nach Gott«, und zwar seiner selbst sowie seiner drei Töchter, und er sagte: »Wenn nicht unser gemeinsamer Herr Christus deine Güte erweckt hätte, dann hätten wir wohl schon längst in unanständigem und

verderblichem Lebenswandel unser Leben zugrunde gerichtet. Jetzt aber hat der Herr uns durch dich, o Glückseliger, gerettet und uns aus dem Schmutz der Unzucht heraus befreit. Dafür notwendigerweise dankzusagen stehen wir in deiner Schuld für alle Tage unseres Lebens, dafür dass du uns die Hände zur Hilfe gereicht hast und dass du uns aufgerichtet hast von der armseligen Erde und dass du uns Armselige aus dem Mist hast auferstehen lassen durch deine freigebige und wahrhaft wunderbare Gabe.« Als der heilige Nikolaus dies gehört hatte, richtete er den Mann vom Boden weg auf und band ihn durch einen Schwur, zu niemandem irgendetwas auszuplaudern, was er an Gutem gewürdigt worden ist, bis zu seinem ewigen Leben. Und er verabschiedete ihn und ließ ihn in Frieden fortgehen.

»Prãxis« von der Rettung der Seeleute (n.34-36)[m]

Einst fuhren Seeleute über das Meer, als ein sehr heftiger Wind sich erhob, Seegang und Unwetter ihnen zusetzten, und sie in Todesgefahr gerieten. Nur mit Mühe kamen sie dazu, sich des heiligen Nikolaus zu vergegenwärtigen, bei dessen Namen sie ihn um Hilfe anriefen. Unser heiliger Vater Nikolaus aber erhörte, die in Unglück und mit Leid zu ihm riefen, und auf Gottes Geheiß erschien er ihnen in eben der Stunde ihrer Not und sprach zu ihnen: »Seht, ihr habt mich gerufen, und ich bin gegenwärtig und helfe euch.« Da

---

[m] vgl. die Sturmstillung durch Jesus Mk 4,35-41 [parr. Mt 8,23-27; Lk 8,22-25], die in Mk 4,41b auf die christologische Feststellung abzielt: »Wer ist dieser, dass sogar der Wind und das Meer ihm gehorchen?« In der byzantinischen Hagiographie wird das Motiv von der Rettung aus Seenot in zahlreichen Heiligenviten adaptiert, so etwa in der Vita Konstantins des Juden, in der Vita des Euthymios des Jüngeren, in der Vita des Eustratios oder in der Vita des Niketas von Medikion.

sahen die Seeleute, wie er sie offenbar stärkte und ermutigte und wie er zusammenarbeitete mit ihnen und mithalf an jedem Teil des Schiffes, an den Seilen, meine ich, und an den Masten. So rettete er sie mit Gottes Hilfe aus der Gefahr, geleitete sie hin zum windstillen Ankerplatz und half ihnen, sich wieder zu fangen.

Diese aber, nachdem sie von Bord gegangen waren, suchten mit Verlangen und Zuverlässigkeit nach dem Retter aus der schwersten Todesnot, um ihm in dankbarer Weise zu huldigen. Und sie fanden ihn in der Kirche, als sie dort waren um nachzuschauen, ihn, der die Liturgie des Christus feierte, und sie sahen ihn, als er wie einer von den vielen Klerikern hereinkam, und obwohl sie ihn zuvor noch nie gesehen hatten, erkannten sie ihn, ohne dass jemand vermittelte, indem sie das Gesicht des Heiligen mit der Erscheinung auf dem Schiff und der Hilfe verglichen. Und sie gingen langsam auf ihn zu, fielen ihm zu Füßen, erstatteten ihm Dank und berichteten, wie er ihnen erschienen[n] ist, als sie auf dem Schiff fuhren, und wie er ihnen beim ersten Schreien bei jenem furchtbaren und bedrohlichen Sturm beistand und sie erlöste.

Der heilige Liturge des Christus schaute die Männer an und mit der durchschauenden Energie seiner reinen Seele erkannte er das von ihnen im verborgenen Getane. Er sagte: »Erkennt euch selbst, Kinder, ich bitte euch, und richtet eure Herzen darauf aus, dem guten und barmherzigen Herrscher und Retter eurer Seelen zu gefallen. Denn die euch eigene Ungerechtigkeit und die Habsucht in eurem Charakter, noch dazu mit der abscheulichen und todbringenden Hure-

---

[n] Der griechische Text verwendet an dieser Stelle dieselbe Wortwahl wie 1 Kor 15,5: griech. »ophtē« bezeichnet das Erscheinen, das Sich-sehen-lassen, die Selbstbekundung des auferstandenen Herrn vor den ausgewählten Zeugen.

rei, rufen immerfort, wie die Krankheiten die Ärzte, für euer Leben nach der Erziehung durch den menschenfreundlichen Gott. ›Tut nichts schlechtes‹, wie die Schrift sagt, und ›das Schlechte wird euch nicht ergreifen‹! Lernt lieber, auf gute Weise am öffentlichen Leben mitzuwirken, und macht euch die Heiligung des Leibes wie ein zur Rettung unvermeidliches Medikament fest zueigen, ›ohne das niemand den Herrn schauen wird‹, wie euch der erhabene Apostel Paulus lehrt, und ihr werdet fortan als Helfer den Herrn haben in den über euch kommenden Versuchungen. Denn die Tugend der Seele, die als Frucht Gerechtigkeit hervorbringt und ihm schöngewachsen darbringt, bewahrt seine Führung und Fürsorge.«

»Prãxis« von den Kornschiffen (n.37-39)

Die »Prãxis« von den Kornschiffen stellt eine spätere Hinzufügung in den Text der »Vita per Michaelem« dar. Innerhalb der ersten Gruppe an Handschriften, der Rezension S, kennt nur eine einzige, der Codex p, dieses Erzählstück. In der zweiten Gruppe der Handschriften, der Rezension T, ist die »Prãxis« von den Kornschiffen hingegen in allen Handschriften enthalten.

Inhaltlich ist die Entsprechung zum Brotwunder Jesu maßgeblich, d.h. die Speisung der Fünftausend Mk 6,35-44 (parr. Mt 14,15-21 sowie im Kontext der Brotrede Jesu Joh 6,5-14) und abgewandelt in der Speisung der Viertausend Mk 8,1-10 (parr. Mt 15,32-38). In theologischer Hinsicht ist die Erzählung von der Brotvermehrung insbesondere im Bezug zur Theologie und Feier der Eucharistie zu sehen, wie es in Joh 6 ausgeführt wird.[57]

Die Brotvermehrung ist überdies ein gängiges Motiv in der Ikonenmalerei. Insofern ist die Transposition dieses Motivs in die Erzählung einer »Prãxis« des heiligen Nikolaus nicht verwunderlich. Der Topos findet sich zu jener Zeit auch in der Vita des The-

ophanes Homologetes († 817/18) sowie des Nikolaus vom Studionkloster (793-868).

Als es dereinst an Getreide mangelte im Gebiet von Lykien, liefen alexandrinische Schiffe voller Getreide den Hafen von Andriake an. Und die Geschäftsleute meldeten dies dem heiligen Nikolaus. Und unverzüglich traf der Heilige von der Stadt Myra her in Andriake ein und forderte die Kapitäne auf, ein wenig Getreide von einem jeden Schiff auszuladen, »damit«, wie er sagte, »wir nicht vor Hunger umkommen.« Sie antworteten jedoch, dass es sich um staatliches Getreide der Kaiserstadt handele, und »wir können dies nicht tun«, gab der Heilige ihnen zur Antwort: »Von einem jeden Schiff entnehmt hundert Scheffel eurer Fracht, und ich werde euch straflos bewahren bei der Anlieferung in Konstantinopel.«

Und diese taten es bereitwillig und gaben das Getreide frei, und nachdem der Wind günstig geweht hatte, erreichten sie Byzanz. Und sie kamen zum Abwiegen des Getreides. Und sie fanden ihre Ladungen genau so, wie sie diese von Alexandria her aufgenommen hatten. Und sie staunten darüber und sie fingen an, den Empfängern von den unfassbaren Wundern des heiligen Nikolaus zu erzählen. Und alle priesen Gott, der immerdar Gnade gibt denen, die ihn lieben.

Das Getreide aber nahm der Heilige, und nachdem er es bemessen hatte, gab er einem jeden. Und sie priesen Gott für alles, und so reichte es allen, die von ihm das Getreide zum Segen nahmen, für einen Zeitraum von zwei Jahren. Darüber hinaus bewahrten sie etwas davon zur Aussaat, streuten es auf ihre Felder, und so konnten sie von Gottes Wohltaten genießen durch die Bitten des heiligen, sich kümmernden Nikolaus.

Kapitel 5

Weitere Nikolaus-Überlieferungen und Fortgang der Verehrung

Methodius ad Theodorum

Der Text folgt, soweit es Aussagen zum Leben des heiligen Nikolaus betrifft, der Vita per Michaelem, er bringt den Erzählstoff sowie die lobpreisenden Abschnitte jedoch in einer rhetorisch überaus kunstvollen Form zum Ausdruck. So begegnen die Erzählstücke aus der Vita per Michaelem hier in einer literarisch sehr viel gehobeneren Form. Zahlreiche Abschnitte, insbesondere die Satzenden, sind von rhythmischen Maßen geprägt, die dem Text eine poetische Anmutung verleihen. Vielfach erscheint der Text der Vita per Michaelem paraphrasiert, wobei der Methodius-Text seine Vorlage in literarischer Hinsicht überragt.

Die Überschrift nennt einen Methodius als Verfasser, wobei es sich um den späteren Patriarchen Methodius I. handelt, der in der zweiten Welle des Bildersturms unter Leon V. 821 als Bilderfreund verhaftet und 829 rehabilitiert worden war, und der 842/43 Patriarch von Konstantinopel wurde und das Ende des Bilderstreits mit herbeigeführt hat. Der Vergleich mit anderen Texten des Methodius I. wie z.B. die Vita des Theophanes zeigt sprachlich deutliche Parallelen. Darüber hinaus nennt Johannes Diaconus im Prolog zu seiner eigenen Nikolaus-Vita aus der Zeit um 880 den Patriarchen Methodius I. als Urheber dieses Textes, den er jedoch offenbar vor seiner Zeit als Patriarch verfasst hat. In n.21

wird ein gewisser Mitbruder erwähnt, der ihm insbesondere bei der inhaltlichen Paraphrasierung des Erzählstoffs aus der Vita per Michaelem behilflich gewesen ist, was auf den klösterlichen Lebensabschnitt des Methodius hinweist.

Der Empfänger der Schrift, ein gewisser Theodoros, lässt sich jedoch nicht klar identifizieren. Er muss sich wohl um einen Mann aus der Oberschicht gehandelt haben, der auch in literarischer Hinsicht anspruchsvoll war. Es könnte sich um jenen Theodoros handeln, den Kaiser Michael 824 als Gesandten zu Ludwig dem Frommen sowie nach Rom geschickt hat, um im Bilderstreit zu vermitteln. Oder um jenen Theodoros, der 838 von den Sarazenen gefangen genommen wurde und der 845 mit 41 anderen den Märtyrertod erlitt. Da der Name Theodoros weit verbreitet war, ist eine klare Identifizierung nicht möglich.

Der Text beginnt mit einem Lobpreis auf Nikolaus, der immer wieder aufkeimt. Dazwischen folgen Aussagen, die biographisch orientiert sein wollen. So wird Patara als Geburtsort benannt (n.3), es folgen Angaben zur Geburt und dass Nikolaus analog zu Johannes dem Täufer ein Einzelkind ist (n.6), das Säuglingswunder (n.7), das gottgefällige Leben bereits in seiner Jugend (n.8). Nach dem Tod der Eltern geht Nikolaus freigebig mit dem ererbten Reichtum um, wie die Erzählung von den Gaben an den Vater mit den drei Töchtern illustriert (n.9-14). Darauf folgt die Erzählung von der Wahl und Salbung zum Bischof (n.15-17). Auf die bekannte »Prãxis« zur Rettung der drei Offiziere wird lediglich hingewiesen (n.18), deren Dreizahl wie auch jene der Töchter auf die Dreifaltigkeit hin gedeutet wird. Es folgt noch die Erzählung von der Rettung der Seeleute (n.19-20). Abschließend wird unterstrichen, man soll zum heiligen Nikolaus seine Zuflucht nehmen (n.21-23).

Die Schrift »Methodius ad Theodorum« hat keine weite Verbreitung gefunden, sie liegt nur in einer einzigen Handschrift aus dem 10. Jhd. überliefert vor. Der Text wurde jedoch bei der Abfassung der lateinischen Nikolaus-Vita durch Johannes Diaconus rezipiert und stellt das Bindeglied zwischen der Vita per Michaelem und der Vita-Erzählung durch Johannes Diaconus dar.

Enkomion Methodii

Anders als der Titel vermuten lässt, kommt der o.g. Methodius I. eher nicht als Verfasser des » Enkomion Methodii« infrage. Während Methodius bereits 847 verstorben ist, dürfte das Enkomion Methodii wohl erst um 860 entstanden sein.[58] Auch die stilistischen sowie inhaltlichen Unterschiede zu »Methodius ad Theodorum« sind deutlich, was auf einen anderen Verfasser schließen lässt.

Das Enkomion, eine Rede zum Festtag des heiligen Nikolaus, folgt in seinem Erzählfluss zunächst der Vita per Michaelem, ist jedoch etwas knapper gehalten sowie stilistisch anspruchsvoller gefasst. Allerdings bestehen einige inhaltliche Abweichungen: Als Heimatstadt wird Myra statt Patara genannt (n.3). Die Umstände der Geburt werden in größerer Analogie zu Johannes dem Täufer dargestellt: Demnach wird Nikolaus nicht im ersten Ehejahr seiner Eltern geboren, sondern diese blieben lange Zeit kinderlos, so dass sie die Hoffnung bereits aufgegeben hatten und sich mit ihrem Anliegen an Gott richteten. Die Geburt des Nikolaus erscheint demnach vor allem als Gottes Werk (n.4). Auch das Säuglingswunder begegnet modifiziert: Nikolaus habe stets nur einmal täglich und zwar ausschließlich die rechte Brust[59] genommen (n.5).

Das Enkomion sieht Nikolaus abweichend von der Vita per Michaelem in einer regulären kirchlichen Laufbahn: Er sei als Fünfjähriger bereits in die klerikale Ausbildung gegeben worden (n.6), so dass er bei seiner Bischofsweihe bereits Presbyter gewesen sei (n.13). Der Gedanke der

Rechtgläubigkeit des heiligen Nikolaus, der bereits in der Vita per Michaelem ausgeführt ist (n.25-27), begegnet nun im Enkomion um die Einschätzung erweitert, dass die Stadt Myra dank des heiligen Nikolaus und seiner Rechtgläubigkeit vom Arianismus verschont geblieben sei (n.15).

Danach verlässt die Erzählung des Enkomion die Vorlage der Vita per Michaelem. Die »Prãxis« von den Kornschiffen begegnet in einer späteren, gesteigerten Gestalt (n.16-17). Daran schließt sich die »Prãxis« von der Rettung der Offiziere an, mit einem deutlichen Erzählschwerpunkt auf dem zweiten Teil (n.20-32), nachdem der erste Teil nur kurz gestreift wurde (n.18-19). Kaiser Konstantin wird sehr viel unantastbarer dargestellt, die Worte des Nikolaus an diesen im Traum sind deutlich abgemildert.

Nikolaus wird in dieser Festrede als der große Helfer und Wundertäter gepriesen (n.34). Als Beleg werden drei Wundererzählungen aus der Zeit nach dem Tod des Nikolaus angeführt: [1] die Wundertat von der Rettung des Johannes, des Vaters des Autors, als dieser auf der Fahrt nach Hydrunt Schiffbruch erlitt (n.36-40), was eine derart große Tat gewesen sei, die über die Werke des Mose, des Elija und Elischa hinausgeht und nur mit den Taten Jesu verglichen werden kann; [2] die Rettung eines von Arabern auf Kreta gefangenen Presbyters vor seiner Hinrichtung (n.42-45); [3] die Erzählung von der Befreiung eines gewissen Petros aus der Gefangenschaft in Samara und dessen anschließender Weg nach Rom, um schließlich Mönch zu werden (n.48-49. Das Enkomion schließt mit einem großen Lobpreis auf Nikolaus als den großen Helfer in aller Not in aller Welt (n.60-62).

Die Überlieferung des Enkomion liegt in nur fünf Handschriften überliefert vor. Offenbar hat das Enkomion also eine nur begrenzte Verbreitung erfahren. Die drei Wunder nach dem Tod des Heiligen finden sich darüber hinaus jedoch in weiteren Handschriften, in eine Sammlung mit weiteren Wundererzählungen integriert.

Synaxarienvita

Während einerseits die Vita per Michaelem für die Grundstruktur der Vita-Erzählungen über den heiligen Nikolaus prägend bleibt, so wird andererseits bis zum Ende des 9. Jhd. dieses Schema um zwei größere Komplexe erweitert. Diese Erweiterungen halten sich durch in allen folgenden Erzählungen über das Leben des heiligen Nikolaus.

Die erste große inhaltliche Erweiterung, wie sie in der Synaxarienvita um das Jahr 900 begegnet, sieht Nikolaus im Kontext der Christenverfolgung unter Kaiser Diokletian und Maximinian, während der er gefangen genommen wurde, jedoch standhaft geblieben ist und sich als Bekenner bewährt hat. Mit der Wende unter Kaiser Konstantin ist Nikolaus aus der Gefangenschaft befreit worden und habe als Bischof von Myra schließlich am Konzil von Nikaia teilgenommen, auf dem er gegen Arius für den rechten Glauben eintrat.

Das Motiv der Rechtgläubigkeit wurde bereits in der Vita per Michaelem ausführlich dargelegt (n.25-27). Darüber hinaus begegnete im Enkomion die Einschätzung, dass die Stadt Myra dank des heiligen Nikolaus und seiner Rechtgläubigkeit vom Arianismus verschont geblieben sei (n.15). Auf diesem Hintergrund etablierte sich zum Ende des 9. Jhd. hin verbreitet die Meinung, dass Nikolaus am Konzil von Nikaia teilgenommen habe und dort dem Arianismus sowie dem Arius selbst entgegengetreten sei. Das Motiv der Teilnahme des Nikolaus am Konzil findet sich u.a. im Enkomion des Niketas, Bischof von Dadybra in Paphlagonien, belegt. In der Folge wurde sein Name auf einigen Teilnehmerlisten des Konzils von Nikaia hinzugefügt, nämlich auf zwei griechischen und auf einer arabischen. In den überlieferten koptischen, syrischen und armenischen Teilnehmerlisten findet sich der Name des heiligen Nikolaus von Myra jedoch nicht (s.o. S.14). Einziger Teilnehmer aus Lykien sei vielmehr Bischof Eudemos von Patara gewesen.[60]

Das Motiv des Bekennertums des heiligen Nikolaus zur Zeit der Verfolgung sowie seine Teilnahme am Konzil von Nikaia wird in der Vita des Symeon Metaphrastes (S.101) erneut aufgenommen und paraphrasiert und wird auf diesem Weg zum festen Bestandteil in jeder späteren Lebensbeschreibung des heiligen Nikolaus.

Vita compilata

Die Vita compilata,[61] entstanden zwischen dem Enkomion des Chartophylax Georgios um 860 und der Vita des Symeon Metaphrastes aus der 2. Hälfte des 10. Jhd., zeigt sich um eine möglichst umfassende Lebensdarstellung über den heiligen Nikolaus bemüht, im Bewusstsein, dass auch diese Darstellung unvollständig geblieben ist (n.3). Als Leitbild erscheint dem Verfasser die Vita Antonii (n.4), die große Lebensdarstellung über den heiligen Mönch und Asketen Antonius, die Bischof Anthanasios von Alexandria um das Jahr 360 verfasst hat. Zu diesem Zweck einer möglichst umfassenden Darstellung wurden in der Vita compilata [lat. compilare: zusammenstellen] alle verfügbaren Informationen über das Leben und die Wunder des heiligen Nikolaus aus den unterschiedlichen Quellen rezipiert und in eine zusammenhängende Erzählform nach Art einer »historia« gebracht (n.10). Im Ergebnis liegt in der Vita compilata – wenngleich unvollständig überliefert – die umfangreichste Darstellung zum Leben des heiligen Nikolaus vor, die jedoch keine allzu weite Verbreitung gefunden hat. Der Text liegt heute in nur einer einzigen Handschrift überliefert vor,

Teile des Textes darüber hinaus in fünf weiteren Handschriften sowie in einzelnen armenischen Schriften.

Der Verfasser der Vita compilata gebraucht die Vita per Michaelem sowie das Enkomion Methodii als seine Hauptquellen und setzt den Erzählstoff aus beiden Texten nahezu vollumfänglich zusammen. Weitere Quellen werden als Ergänzung eingearbeitet. Erzählabschnitte, die nur in einer der beiden Hauptquellen vorliegen, werden addiert: Aus der Vita per Michaelem übernimmt der Verfasser etwa die Erzählstücke von der Zerstörung der heidnischen Altäre sowie des Tempels der Artemis, die Wundererzählungen von der Rettung der Seeleute sowie von den Kornschiffen im Hafen. Aus dem Enkomion Methodii übernimmt er das Wunder von den Kornschiffen auf dem Meer sowie die Erzählung von der Rettung der drei Offiziere, wobei er bei letzterem Erzählstück auch Elemente aus dem Enkomion des Chartophylax Georgios einfließen lässt. Bei den von beiden Hauptquellen dargebotenen Erzählstücken folgt der Verfasser bei der Tugendbeschreibung im Jugendalter, zum Tod der Eltern und der Freigebigkeit mit dem ererbten Vermögen dem Enkomion Methodii, bei der Erzählung von den drei Töchtern, bei der Bischofswahl und der Rechtgläubigkeit der Vita per Michaelem. Bei Geburt und Säuglingswunder werden beide Quellen trotz fehlender Übereinstimmung eng ineinander verwoben: So wird gesagt, Nikolaus habe lediglich von der rechten Brust getrunken (Enkomion Methodii), an Fasttagen aber nur einmal am Tag zur erlaubten Zeit (Vita per Michaelem).

Aus einer weiteren, unbekannten Quelle übernimmt der Verfasser die wohl bis zum Ende des 9. Jhd. in die Nikolaus-Vita integrierte Erweiterung über das Bekennertum des Nikolaus in der Christenverfolgung unter Diokletian sowie über seine Teilnahme am Konzil von Nikaia (wie in der Synaxarienvita).

Die Vita compilata integriert darüber hinaus noch einen zweiten Komplex als wesentliche Erweiterung, der zu jener Zeit in die Lebensbeschreibung des heiligen Nikolaus Eingang gefunden hat. Diese Erweiterung betrifft die Übernahme der Vita des Nikolaus vom Sionskloster in die Vita des heiligen Nikolaus hinein. Dieser Nikolaus vom Sionskloster, eine vom heiligen Nikolaus verschiedene Person, lebte im 6. Jhd. Er wurde bereits vom Kindesalter an durch seinen Onkel, den Archimandrit Nikolaus von Akalissos, der auch das Sionskloster gegründet hat, für das spätere Leben als Mönch und Kleriker bestimmt. Im Alter von 19 Jahren wurde er zum Presbyter geweiht und wurde bald darauf, nach der Eröffnung des Sionsklosters, zu dessen Vorsteher. Bekannt sind mehrere Wallfahrten dieses Nikolaus nach Jerusalem. Schließlich wurde er um die Mitte des 6. Jhd. zum Bischof von Pinara geweiht. Ebenda verstarb er am 10. Dezember 564. Über diesen Nikolaus ist eine eigene Vita überliefert,[62] die, wohl begünstigt durch die räumliche und gewisse zeitliche Nähe zwischen diesem Nikolaus und dem heiligen Nikolaus von Myra, bis zum Ende des 9. Jhd. auf den heiligen Nikolaus übertragen und mit diesem identifiziert worden ist. Diese Übertragung wird spätestens in der Vita compilata vollzogen, könnte aber auch bereits auf der Ebene des vorliegenden Quellenmaterials vollzogen worden sein.

Der Verfasser der Vita compilata stellt das ihm vorliegende Material überwiegend quellenschonend zusammen, d.h. er ordnet das vorliegende Material aus den Quellen zu einem größeren Ganzen, ohne allzu sehr in die Formulierungen einzugreifen. Bei den Erzählstücken, die aus der Vita des Nikolaus vom Sionskloster übernommen sind, fällt hingegen auf, dass diese lediglich paraphrasierend in den Text der Vita compilata eingegangen sind. Dieser Unterschied spricht dafür, dass dem Verfasser offenbar nicht der Text der Vita des Nikolaus vom Sionskloster, sondern lediglich eine Paraphrasierung dieses Textes, möglicherweise gar nur die Paraphrasierung ausgewählter Kapitel vorgelegen haben mag. Denn es fällt ebenso auf, dass lediglich Erzählstücke aus den Kapiteln n.2-9 sowie n.66-78 in die Vita compilata eingegangen sind.

Bei den aufgenommenen Erzählstücken handelt es sich überwiegend um Elemente, welche Kindheit und Jugend betreffen sowie ausgewählte Taten. So werden die Namen der Eltern mit Epiphanios und Nonna genannt (n.11). Auch begegnet der Onkel des Nikolaus vom Sionskloster, Nikolaus von Akalissos, nun als Onkel des heiligen Nikolaus (n.15; n.18).

Dem Säuglingswunder, das in der Vita compilata aus der Vita per Michaelem und dem Enkomion Methodii zusammengesetzt ist wird nun das Badewannenwunder aus der Vita des Nikolaus vom Sionskloster vorangestellt (n.13), nämlich dass dieser bereits als Säugling in der Badewanne auf eigenen Beinen zu stehen vermochte, was nach dem Willen Gottes auf seine spätere Größe hindeuten sollte. Nach dem Säuglingswunder aus den anderen beiden Quellen folgt eine Prophezeiung des Onkels, Nikolaus von Akalissos, über die spätere Größe des Kindes (n.15). Auf die Feststellung aus dem Enkomion Methodii, dass Nikolaus bereits im Alter von fünf Jahren die klerikale Ausbildung begonnen habe, folgen Bemerkungen aus der Vita des Nikolaus vom Sionskloster über die Fortschritte des Jungen (n.16) und welche Wunder er bereits gewirkt hat (n.17). Auf den Bericht über den Empfang der niederen Weihen in der fortschreitenden Klerikalausbildung (n.18) folgen – nach einem Hinweis auf die Tugend des jungen Nikolaus aus dem Enkomion Methodii – die Weihe des Nikolaus zum Presbyter und seine Einsetzung zum Leiter des neu errichteten Sionsklosters (n.20) sowie der Hinweis auf die erste Jerusalemwallfahrt (n.21). Aus der Vita des Nikolaus vom Sionskloster wird in n.29 ein Wunder eingeschoben sowie in die Erzählung zur Bischofswahl aus dieser Quelle eine Vision hinzugefügt (n.31). Nun werden erst in n.45-50 weitere Erzählstücke aus dieser Quelle eingefügt, nämlich der Bericht über den Bau einer Marienkirche (n.45) sowie fünf Heilungswunder (n.46-98) und ein Erzählstück über die Gewährung von Kindersegen (n.50). Zuletzt stammt aus dieser Quelle die Schilderung über den Tod des Nikolaus (n.54).

Die Vita compilata vollzieht die Integration der Vita des Nikolaus vom Sionskloster in die Vita des heiligen Nikolaus und die Assimilation des Nikolaus vom Sionskloster quasi in die Person des heiligen Nikolaus hinein. Da die Vita des Nikolaus vom Sionskloster eher biographisch orientiert ist, erhalten hierdurch von nun an auch alle folgenden Vita-Erzählungen zum heiligen Nikolaus verstärkt eine biographische Prägung. Die Vita des heiligen Nikolaus erscheint fortan als narrative Erzählung einer »normalen« Lebensgeschichte eines großen Heiligen.

Vita des Symeon Metaphrastes

Der Verfasser dieser Vita-Darstellung, einer der bedeutendsten byzantinischen Hagiographen namens Symeon († vor 1025), wird gemeinhin als »Metaphrast« bezeichnet, obwohl er keine »Metaphrase« im eigentlichen Sinn d.h. keine wortgetreue »Übersetzung« oder Übertragung des Erzählstoffs aus den vorliegenden Quellen präsentiert, sondern fast durchgängig »paraphrasiert«: Symeon Metaphrastes bietet zwar keinen anderen als den Erzählstoff als jenen aus den Vorlagen dar, dies jedoch auf eine Weise, indem er den Stoff zusammenfassend, dabei zumeist stark verkürzend widergibt.

Die Hauptvorlage für den vorliegenden Text stellt die Vita per Michaelem dar. Ihr folgt Symeon, soweit es die Struktur der Vita-Erzählung mit den Abfolgen der einzelnen

Abschnitte betrifft. Darüber hinaus werden an den biographisch passenden Stellen bestimmte Erzählstücke oder Informationen aus anderen Vorlagen wie der Synaxarienvita, dem Enkomion des Chartophylax Georgios oder aus der Vita compilata eingefügt. Insgesamt kann man von einer inhaltlich erweiterten sowie einer erzählerisch konzentrierten Neufassung der Vita per Michaelem sprechen, die den neuen Standardtext für die Nikolaus-Verehrung der folgenden Jahrhunderte gesetzt hat.

Ein wesentlicher Schwerpunkt der Nikolaus-Vita des Symeon Metaphrastes liegt auf der Erzählung von der Rettung der drei Offiziere. Im Unterschied zur Vita per Michaelem, in der diese Erzählung nur stark verkürzt widergegeben wird (n.30-33), widmet Symeon dieser Erzählung sehr breiten Raum (n.17-27), so dass diese etwa ein Drittel der gesamten Metaphrasten-Vita umfasst. Die Erzählung wird in noch größerer Breite entfaltet als im überlieferten Standardtext. Offenbar diente eine andere Fassung als Vorlage, und zwar jene, die auch Georgios Chartophylax bei der Abfassung seines Enkomion als Vorlage rezipiert hat.[63]

Auch in der Metaphrasten-Vita werden, wie zuvor bereits in der Vita compilata, Elemente aus der Vita des Nikolaus vom Sionskloster übernommen und diese in die Person und in das Leben des heiligen Nikolaus hinein assimiliert. Dies betrifft Aussagen zur Jugend und zur Ausbildung als Kleriker bis hin zur Weihe zum Presbyter (n.2) und zur Betrauung mit der Leitung des von seinem Onkel neu errichteten Sionsklosters (n.3). Einzig der Name des Onkels, Nikolaus, wird widergegeben, die Namen der Eltern bleiben hingegen ungenannt.

Es folgt der Hinweis auf den Tod der Eltern und auf den freigebigen Umgang mit dem ererbten Vermögen um des Himmelreiches willen (n.4) als Überleitung zur Erzählung zur »Prãxis« von den drei Töchtern (n.5-7). Gemäß der Vita des Nikolaus vom Sionskloster folgt nun die Erzählung der

Palästinareise (n.8) mit Heilungswundern (n.9) und dem Besuch der heiligen Stätten (n.10). An die Rückfahrt schließt sich die Wahl zum Bischof von Myra an (n.11-12). Erst nach dieser positioniert Symeon jene Abschnitte zum standhaften Bekennertum in der Christenverfolgung unter Diokletian (n.13,2) und seine Befreiung durch Kaiser Konstantin (n.14), die bereits mit dem Text der Syaxarienvita Eingang in die nunmehr biographisierte Nikolaus-Vita gefunden hatten. Es folgt Nikolaus' Kampf gegen das Heidentum (n.14,2) und die Zerstörung des Artemis-Tempels (n.15), gewissermaßen auf Geheiß Kaiser Konstantins, was innerkirchlich seinem rechtgläubigen Eintreten gegen die arianische Lehrmeinung als Teilnehmer am Konzil von Nikaia korrespondiert (n.16,1).

Nach einer Kurzerzählung des Wunders an den Kornschiffen auf dem Meer gemäß Enkomion Methodii/Vita compilata (n.16,2) folgt die sehr ausführlich gestaltete Erzählung von der Rettung der drei Offiziere (n.17-27). Es folgt noch die Erzählung von der Rettung der Seeleute (n.28-29), bis schließlich nach einer summarischen Würdigung seiner Persönlichkeit (n.30,1) von seinem Tod, seiner Bestattung und dem ausströmenden Myron berichtet wird (n.30,2). Abschließend folgt noch die Erzählung von Nikolaus' postmortaler Hilfe für die Wallfahrer gegen den Dämon, den Nikolaus einst aus dem Artemis-Tempel ausgetrieben hatte (n.31). Der Text schließt mit einem finalen Absatz in aller Kürze (n.32), der wie bereits der Absatz zu Beginn nicht auf eine Quelle zurückzuführen, sondern Symeon Metaphrastes selbst zuzuschreiben ist.

Der Text der Metaphrasten-Vita, der in insgesamt mehr als 70 Handschriften überliefert ist, liegt in zwei Versionen vor, wobei die spätere von beiden gewisse Ausschmückungen und Zusätze enthält. Diese spätere, ausgeschmückte Textgestalt ist es, welche die größere Verbreitung gefunden hat.

Die Metaphrasten-Vita aus der zweiten Hälfte des 10. Jhd. stellte für die nachfolgende Nikolaus-Überlieferung und -Verehrung die normgebende und grundlegende Form der Nikolaus-Vita dar und hat einen Standard etabliert. Ihre Struktur und die erzählten Inhalte stellten fortan die Vorgabe für die weiteren entstehenden Texte und Kunstformen sprachlicher wie bildlicher Art dar.

Weitere Textstücke zur Vita

Über die referierten Höhepunkte der Nikolaus-Literatur hinaus sind weitere Textschöpfungen entstanden, die nur fragmentarisch überliefert sind oder nur geringe Verbreitung gefunden haben. Dazu gehört u.a. die Vita acephala aus der Zeit um 980-1050, von der in nur einer einzigen Handschrift Bruchstücke überliefert sind und die auch überlieferungsgeschichtlich keine Spuren hinterlassen hat.

Aus einigen der Nikolaus-Viten sind bestimmte Erzählstücke losgelöst tradiert, paraphrasiert und verändert worden. Dies trifft insbesondere auf die Wundererzählungen zu, die mit einfacher Sprache erzählt und detailreich anschaulich ausgemalt in den Bereich des Mirakulösen oder Fabulösen verschoben wurden, unter den einfachen Leuten jedoch Interesse und große Verbreitung gefunden haben, auch in Form bildlicher Darstellungen.

Auch im Abendland sind neben Übertragungen einige eigene Textstücke entstanden, die nachfolgend (S.110 ff.) zur Darstellung kommen.

Kapitel 6

Ausbreitung der Nikolaus-Verehrung auch im Abendland

Mit dem Ende des Bilderstreits und der Bestätigung der anschaulichen Ausdrucksformen religiöser Heiligenverehrung wurde im Osten ein Durchbruch auch in der Nikolaus-Verehrung erreicht, der sich zugleich die byzantinischen Gebiete in Italien auswirkte. Auch dort hatte sich die Popularität des heiligen Nikolaus während des 9. Jhd. zunehmend etabliert. Neben den bildhaften Darstellungen der Ikonen machten auf literarische Weise insbesondere die Erzählungen in Form der Nikolaus-Viten sowie der darin eingebetteten Wundertaten die Person des heiligen Nikolaus in verehrungswürdiger Weise anschaulich. Darüber hinaus manifestierte sich die herausragende Popularität des heiligen Nikolaus auch in den zahlreichen überlieferten Enkomion-Festreden und Hymnen.

Süditalien

Die Verbreitung einer im kirchlichen sowie im religiösen Leben verankerten lebendigen Nikolaus-Verehrung erreichte spätestens nach Ende des Bilderstreits zügig den ganzen christlichen Osten sowie darüber hinaus die byzantinisch geprägten Regionen im Westen: u.a. Sizilien, Apulien und Kalabrien sowie Ravenna und Rom, die auch nach ihrer politischen Loslösung vom Osten gleichwohl die in ihnen verankerten Elemente einer byzantinischen Prägung in der Kultur ihrer Bevölkerung bewahrten. Die Einfälle der muslimischen Sarazenen seit dem 8. Jhd. auf den italischen Inseln, an den Küsten Sardiniens und Siziliens und im 9. Jhd. auch in Neapel und vereinzelt bis nach Norditalien führten zu einer teilweisen Verdrängung der byzantinisch geprägten örtlichen Bevölkerung in das Umland, so dass sich mit den Gläubigen auch die Nikolaus-Verehrung lokal ausbreitete. Insbesondere in Kalabrien ließen sich viele Mönche in Klöstern nieder, die der griechischen Liturgie des Ostens angehörten.

In Rom sind in der Kirche S. Angelo in Pescheria in einem Verzeichnis aus dem Jahr 755/770 Reliquien des heiligen Nikolaus aufgeführt. Für das Jahr 792 ist im Kloster in Via lata die liturgische Feier des Gedenktags belegt. Im Liber Pontificalis wird eine Nikolauskapelle in St. Laurentius für die Zeit Leo III. (795-816) genannt. In S. Maria in Schola Graeca (in Cosmedin), die wegen der wachsenden byzantinischen Gemeinde erweitert wurde, gab es im 8. Jhd. einen Nikolausaltar und zur Zeit von Papst Nikolaus I. (858-867) eine Nikolauskapelle. Spätestens aus jener Zeit stammt ein Bildnis in Santa Maria Antiqua am Palatin, das den heiligen Nikolaus, in der römischen Dalmatik dargestellt, in einer Reihe mit anderen Heiligen des Ostens wie u.a. Basilius, Athanasius, Johannes Chrysostomos und Gregor von Nazianz zeigt, die alle auch im Westen verehrt wurden.

Die Anfänge der Gefängniskirche S. Nicolai in Carcere, da Nikolaus aufgrund der Erzählung der Prãxis als Patron der Gefangenen verehrt wurde, lassen sich nicht sicher datieren: Der heutige Kirchenbau wurde 1128 fertiggestellt, jedoch ist ein Bestehen der Kirche bereits für das 8./9. Jhd. wahrscheinlich. Päpstliche Bullen aus den Jahren 955 und 962 nennen die Nikolaus-Kirchen S. Nicolaus de Arcionibus und S. Nicolaus de Tofo.

Auch in den anderen byzantinisch geprägten Regionen nahm die Nikolaus-Verehrung in analoger Weise zu. Die liturgische Feier des Gedenktags des heiligen Nikolaus am 6. Dezember ist in Neapel in Form eines Marmorkalenders erstmals zwischen 821 und 842 belegt.[64] Die Nikolaus-Verehrung verbreitete sich insbesondere in Süditalien, das während des Bilderstreits zum Zufluchtsort für Christen aus Konstantinopel und während der Sarazeneneinfälle für byzantinische Christen aus Sizilien und Kalabrien geworden ist.

Der neue Kontext führte zur Entstehung neuer Wundererzählungen, welche die Erfahrung von der Hilfe des heiligen Nikolaus inkulturieren. Die kurze Wundererzählung »De presbytero Siciliensi« [Vom sizilianischen Presbyter] handelt von einem Sarazenen-Überfall auf eine Gottesdienstgemeinde in Sizilien, die in Gefangenschaft gerät und hingerichtet werden soll. Der Presbyter° ist betrübt insbesondere darüber, dass er das bevorstehende Nikolausfest nicht mehr erleben würde. Da erscheint ihm Nikolaus und entrückt ihn in die Heimat. Die Handlung in einer weiteren Wundererzählung »Thauma Catanense« [Wunder von Catania] gestaltet sich ähnlich: Sarazenen überfallen eine Kirche und töten zahlreiche Christen. Ein junger Christ nimmt jedoch Zuflucht zu einer Nikolaus-Ikone und fleht den Heiligen um Hilfe an. Sogleich wird er in seine ferne Heimat entrückt.[65]

Andere Erzählungen wie z.B. »De Saraceno« [Vom Sarazenen] schreiben dem heiligen Nikolaus als Retter in aller Not die Bekehrung von Sarazenen zu: Ein sarazenischer Handelsreisender gerät mit seiner Karawane in einen Sturm und stürzt in einen Abgrund. Da er vom heiligen Nikolaus gehört hatte, ruft er diesen in seiner großen Not um Hilfe an und wird gerettet. Die gesamte Karawane wird entrückt und findet sich zwölf Meilen entfernt wieder. Seitdem trägt der Sarazene stets ein Nikolaus-Bild mit sich.[66]

° umgangssprachlich zumeist als »Priester« bezeichnet

»De imagine Nicolai in Africa« [Das Nikolausbild in Afrika] illustriert, wie die Nikolaus-Verehrung auch in Afrika Fuß fassen konnte, und zwar fernab von der byzantinischen Kultur, und bis Anfang des 10. Jhd. nach Karthago gelangt ist: Plündernde Barbaren aus Afrika fallen in Kalabrien ein. Einer von ihnen, ein Zollpächter, findet in einem Haus ein wertvolles Nikolaus-Bild und nimmt dieses mit nach Afrika, da von der Wundermacht des Heiligen gehört hat. So lässt er während seiner Abwesenheit das Bild die Gelder im Zollhaus bewachen. Als diese dennoch gestohlen wurden, vergeht er sich am Bild und droht, es zu verbrennen, wenn Nikolaus das Diebesgut nicht wieder herbeischafft. Nikolaus erscheint den Räubern und droht ihnen. Da bringen diese das Diebesgut zurück. Der Zöllner aber küsst über diesen Vorfall das Nikolaus-Bild und lobpreist den Heiligen; er selbst bekehrt sich, wird Christ und erbaut Nikolaus zu Ehren eine Kapelle.[67]

Inkulturierte Wundererzählungen wie diese zeigen, wie sehr die Nikolaus-Verehrung in Süditalien inzwischen heimisch geworden war und für das religiöse Leben breiter Bevölkerungsschichten de facto Bedeutung erlangt hatte. In Bari, das als Seehandelszentrum eine Brücke zum Osten darstellte, das zu einem politischen wie wirtschaftlichen Zentrum aufgestiegen war, fand sich die Nikolaus-Verehrung also bereits lange vor der Translation der Reliquien weit verbreitet und tief verankert. Bereits im 9. Jhd. zum Erzbistum erhoben, übte Bari über Jahrhunderte hin auch einen großen Einfluss auf die ihm unterstellten Diözesen Süditaliens und damit auf das kirchliche und religiöse Leben der gesamten Region aus. Urkunden aus den Jahren 1036 und 1039 belegen die Kirchweihe zweier Nikolaus-Kirchen, die der Erzbischof von Bari in Prandulo und in Turre de Musarra selbst gestiftet hatte. Letztere Kirche wurde auf ein neu gegründetes Dreifaltigkeitskloster übertragen. Anlässlich der Belagerung Baris durch die Normannen ist wohl auf Veranlassung des byzantinischen Kaisers Konstantin IX. Monomachos die Kirche S. Nicolaus supra portam veterem dem heiligen Nikolaus geweiht worden. Auch stellte der Kaiser die ganze Stadt unter das Patronat des heiligen Nikolaus und ließ dessen Bild an einer Stelle anbringen, wo es den Belagerern entgegentreten sollte.

Nicht nur in Bari, sondern auch in anderen Zentren des Seehandels wie in Venedig, in Pisa oder in Genua gewann die Nikolaus-Verehrung an Bedeutung, zum einen weil Nikolaus dort als Patron der Seefahrer verehrt wurde, zum anderen weil über die Seefahrt und den Handel byzantinisches Kulturgut in den Westen gelangte.

Als besonderes Zentrum der Nikolaus-Verehrung in Süditalien ist neben Bari auch Montecassino hervorzuheben. Die dortige Kirche »S. Nicolaus in valle Sorana« ist für das Ende des 10. Jhd. belegt. Ein gewisser Transmundus stiftete ein Kloster S. Nicolaus de Trotino und übergab es 1004 an die Abtei Montecassino. Im Chronicon Cassinense wurde im Zusammenhang mit dieser Schenkung die besondere Beziehung der Abtei zum heiligen Nikolaus hervorgehoben. 1006 errichtete Abt Johannes III. von Montecassino eine Nikolaus-Kirche in der Nähe des Ortes. Zahlreiche Nikolaus-Kirchen und sogar mehrere Nikolaus-Klöster wurden im Verlauf des 11. Jhd. an die Abtei von Montecassino übertragen u.a. eine bei Amalfi, eine in Capua, eine in Rom, zwei Kirchen in Aquino. Abt Desiderius von Montecassino, der spätere Papst Victor III. (1086-1087), ließ nahe dem Haupteingang zur Abtei eine Nikolauskapelle errichten. Zwei Benediktiner aus Montecassino, Alphanus († 1085) und Alberich († 1088), sind als Verfasser von Nikolaus-Hymnen bekannt geworden.

Ausbreitung der Nikolaus-Verehrung auf dem Weg literarischer Zeugnisse nach Norden

Die Ausbreitung der Nikolaus-Verehrung über die byzantinisch geprägten Regionen hinaus d.h. nordwärts über die Alpen erfolgte in einem ersten Schritt insbesondere durch die allmähliche Verbreitung der Vita des heiligen Nikolaus, indem diese in Sammlungen von Heiligenviten ihren Platz bekam.

Eine im 7. Jhd. in Rom zusammengestellte und später erweiterte Sammlung von Heiligenviten, die nordwärts über die Alpen bis nach Mitteleuropa verbreitet wurde, führte den heiligen Nikolaus als heiligen Bischof und Märtyrer an und enthielt auch eine Angabe zur Prãxis von der Rettung der drei Offiziere durch Nikolaus. Aus griechischen Textvorlagen wurde die Erzählung von der Prãxis ins lateinische übertragen. Ein Reichenauer Codex, Fol. 32r-33r des Codex Augiensis XXXII aus dem 9. Jhd., enthält mit dem Passional eine lateinische Fassung: Acta sancti Nicolai episcopi Myrensis atque Lycinium mytropoleos mensis decembris die VI. Hrabanus Maurus hat offenbar nach der Vorlage »S. Nicolai Acta primigenia« des Nicolaus Carminius Falconius[68] eine Kurzform dieser Erzählung in sein zwischen 840 und 854 entstandenes Martyriologium aufgenommen, welches wie bereits zuvor das Martyrologium des Florus von Lyon den 6. Dezember als Todestag benennt, ebenso wie das Martyrologium des Wandalbert von Prüm um 848 sowie das Martyrologium Romanum parvum. Auch das Martyrologium des Usuard aus der Zeit zwischen 859 und 875 kennt Nikolaus und nimmt auf die Prãxis Bezug.

Die Prãxis erweist sich als zentral auch in der weiteren abendländischen Nikolaus-Literatur. Sie wird dargeboten in der ersten lateinischen Nikolaus-Vita des Johannes Diaconus um 880 sowie in den späteren Vita-Erzählungen bei Robert Wace sowie in der Legenda aurea. Ebenso ist sie enthalten im Codex Palatinus latinus Nr. 846 139ra-140va[69] aus dem 9. Jhd. sowie im Codex Carnotensis Nr. 506 aus dem 12. Jhd. (Fortschreibung des Passionals aus dem Codex Augiensis XXXII), darüber hinaus in diversen Hymnen und Gedichten.[70] Insbesondere die Verbreitung der Prãxis hat das anfängliche Bild von Nikolaus im Abendland geprägt.

Einen weiteren Schritt in der Übertragung der Person des heiligen Nikolaus in den Westen auch über die Erzählung von der Prãxis hinaus stellte die Abfassung der Nikolaus-Vita in lateinischer Sprache dar, so erstmals um 880 in Neapel durch Johannes Diaconus. Dieser hat seinen Text durch paraphrasierende Übertragung aus den griechischen Quellen erstellt, und zwar überwiegend aus der Schrift »Methodius ad Theodorum«, als deren Verfasser er Methodius I. im Prolog eigens benannt hat.

Die Nikolaus-Vita des Johannes Diaconus diente als wesentliche Vorlage für Robert Wace (um 1100-1174) bei der Abfassung der ersten volkssprachlichen Vita-Erzählung »St. Nicholas«.

Schließlich bot die durch den Dominikaner Jakobus de Voragine zwischen 1263 und 1273 verfasste Legenda aurea, die überaus populäre und im Mittelalter am meisten verbreitete, vielfach übersetzte und lokal erweiterte Sammlung von Heiligen-Viten, auch eine Version der Nikolaus-Vita,[71] die aus der Vorlage des Johannes Diaconus schöpft. Die Legenda Aurea bietet, umrahmt von kurzen biographisch anmutenden Rahmenelementen zu Geburt, Bischofswahl und zum Tod, die populärsten Wundererzählungen (Säuglingswunder, drei Töchter, Sturmstillung auf dem Meer, Kornschiffe, drei Offiziere) sowie einige postmortale Wunder dar.

Darüber hinaus war es insbesondere die Vita des Symeon Metaphrastes, die in der Rezeption fortwirkte und so das Bild vom heiligen Nikolaus im Westen nachhaltig prägte.

Die Erzählungen von den großen Wundertaten, die durch Nikolaus vollbracht wurden, waren es, wodurch Nikolaus auch in Mitteleuropa zunehmend Bekanntheit und Verehrung erfuhr.

Nikolaus im kirchlichen Leben in Mitteleuropa

Durch die Aufnahme des Namens des heiligen Nikolaus in die Martyrologien und durch die Aufnahme seiner Vita in maßgebliche Sammlungen von Heiligenviten erfuhr Nikolaus schließlich auch in Mitteleuropa eine erste, anfängliche Bekanntheit. Diese weitgehend literarische Rezeption beschränkte sich zunächst auf Klöster und kirchliche Kreise, in denen diese Schriften eine Rolle spielten, sowie auf die Oberschicht.

Erst seit dem Ende des 10., insbesondere aber im 11. Jhd. erhielt der heilige Nikolaus über die Stiftung von Kirchen und Kapellen oftmals in Anbindung an Klöster oder Bischofskirchen sowie über die Wahl des heiligen Nikolaus als Patron, teilweise mit, teilweise ohne Reliquien, ganz allmählich auch de facto eine Bedeutung im kirchlichen Leben in Mitteleuropa. Die Verbreitung der Nikolaus-Verehrung erfolgte insofern top-down, von oben nach unten, d.h. in umgekehrter Richtung zur Entstehung und Verbreitung der Nikolaus-Verehrung im Osten, die zwischen dem 6. und 9. Jhd. von den einfachen Gläubigen im Volk und den einfachen Mönchen getragen worden war.

Durchaus bestanden auch Beziehungen nach Byzanz auf der Ebene des fränkischen Adels sowie des Handels, so dass über diese Kanäle zumindest ein Wissen um die im Osten sehr verbreitete und tief verwurzelte Nikolaus-Verehrung nach Mitteleuropa gelangt ist.

Otto I. (912-973), 962 in Rom zum römisch-deutschen Kaiser gekrönt, suchte aus Gründen politischer Entspannung, Akzeptanz seines Kaisertums im Osten (seit Otto I. wurden die Kaiser auf dem Siegel nach byzantinischem Vorbild dargestellt) und Festigung der eigenen Dynastie seinen Sohn Otto II. mit einer Frau aus dem byzantinischen Kaiserhaus zu verheiraten. Erst mit der Thronbesteigung Johannes I. Tzimiskes als byzantinischer Kaiser (969–976) kam es zu einer Übereinkunft und im Jahr 972 in Rom zur Eheschließung zwischen Otto II. mit der Kaisernichte Theophanu (955/60-991). Dabei wurde Theophanu von Papst Johannes XIII. zugleich zur Kaiserin gekrönt, so dass sie nach dem plötzlichen Tod von Otto II. 983 automatisch zur Regentin aufstieg. Weil ihr Sohn Otto III. zwar bereits zum König gekrönt, jedoch als Dreijähriger noch unmündig war, wurde 985 die Regentschaft der Theophanu offiziell bestätigt. Mit Theophanu gelangten Elemente der byzantinischen Kultur in das römisch-deutsche Kaiserreich nach Mitteleuropa. Ihr Sohn Otto III. führte einige byzantinische Gebräuche und Zeremonien an seinem Kaiserhof ein.

Die Wahl des heiligen Nikolaus als Patron des unter Otto III. errichteten Klosters Burtscheid wurde in den Urkunden auch damit begründet, dass Otto III. mütterlicherseits griechischer Abstammung sei. Abt dieses Klosters wurde ein ursprünglich byzantinischer Mönch namens Gregor, der sogleich eine Nikolauskapelle errichten ließ.

Auch in weiteren ottonischen Gründungen wurde Nikolaus zum Patron erhoben. So erhielt etwa das Kollegiatsstift in Aachen eine Nikolauskapelle, ebenso das bereits auf Otto I. zurückgehende Kloster in Kempten. Bei der Weihe des durch Heinrich II. gestifteten Doms in Bamberg im Jahr 1012 wurde Nikolaus zum Mit-Patron erhoben.

Weitere einflussreiche Stifter folgten dem Kaiserhaus in dieser neuen Orientierung an Nikolaus. Die Abteikirche der durch Pfalzgraf Ezzo, der mit der Schwester Otto III. verheiratet war, 1024 gestifteten Abtei Brauweiler erhielt den hl. Nikolaus zusammen mit dem hl. Medardus als Patron und auch Reliquien des hl. Nikolaus.[72] Die um das Jahr 1023 errichtete Taufkirche in Magdeburg, die zur Bischofskirche gehörte, erhielt Nikolaus zusammen mit Petrus als Patron.

Nikolaus-Reliquien sind zum Ende des 10. Jhd. u.a. für Lipbach am Bodensee und für Benediktbeuern bezeugt sowie ein Nikolaus-Altar in der Krypta des Stephansklosters in Halberstadt. Willigis, der Otto II. und Theophanu verbunden war und letztere bei der Regentschaft unterstützte, weihte als Erzbischof von Mainz (975-1011) eine Nikolaus-Kirche in Weende.

Im 11. Jhd. entstanden zahlreiche Nikolaus-Kirchen im ganzen Gebiet Mitteleuropas: 1020 wurde die Abtei St. Nicolas in Angers durch den Grafen von Anjou gestiftet, 1022 die Kirche St. Nicolas-les-Arras in Artois, 1031 wurde Nikolaus zum Mitpatron einer Kirche in Braunschweig. Das Hospiz am St. Bernhard erhielt ein Nikolaus-Patronat. Für Stavelot ist ein Nikolaus-Altar für 1030 bezeugt, ein Nikolaus-Oratorium für 1037 und Nikolaus-Reliquien für 1046.

Zunehmend rückten Reliquien des heiligen Nikolaus in den Blick, wie z.B. 1048 bei der Weihe einer Krypta in Lüneburg. Leo IX. ließ im Jahr 1049 Nikolaus-Reliquien von Rom in ein von seinen Eltern gestiftetes Kloster in Altdorf übertragen. 1060 erhielt der Dom in Brixen ein Nikolaus-Patronat. Für 1070 ist Nikolaus als Patron der Basilika in Osnabrück belegt, 1073 in Amiens, 1074 in Beauvais, 1083 für die Schlosskapelle der Grafen von Württemberg.

Der heilige Nikolaus wurde zunehmend als Patron für neue sowie für bestehende Kirchen und Kapellen erwählt. Diese Entwicklung belegt die zunehmende Bedeutung des hl. Nikolaus bei der Oberschicht in Mitteleuropa. Eine tatsächliche Bedeutung des heiligen Nikolaus für das religiöse Leben breiter Bevölkerungsschichten in Mitteleuropa war damit bis zum Jahr 1087 jedoch noch nicht verbunden.

Beförderung der Nikolaus-Verehrung seit der Translation der vermeintlichen Reliquien nach Bari

Mit der Übertragung der vermeintlichen*P Nikolaus-Reliquien nach Bari im Jahr 1087 wurde eine Dynamik freigesetzt, die der Nikolaus-Verehrung auch in der tatsächlichen religiösen Praxis breiter Bevölkerungsschichten in Mitteleuropa zum Durchbruch verhalf.

Bereits vor der Übertragung der Reliquien stellte Bari, das als Seehandelszentrum zugleich ein Drehkreuz für den kulturellen Austausch mit dem Osten geworden war, einen Brennpunkt der Nikolaus-Verehrung für den Westen dar. Zu einem politischen sowie wirtschaftlich bedeutsamen Zentrum aufgestiegen, übte Bari Einfluss auf das kirchliche und religiöse Leben der gesamten Region aus.

Über das 11. Jhd. hin änderten sich jedoch sukzessive die politischen Verhältnisse in Bari sowie in ganz Süditalien, das von byzantinischer unter normannische Herrschaft geriet. Als während der Einfälle der Sarazenen weder der byzantinische noch der römisch-deutsche Kaiser einen wirksamen Schutz gewährleisten konnten, rekrutierten im politisch stark zersplitterten Süditalien die lokalen Machthaber zunehmend Normannen, die als Jerusalem-Pilger auf der Durchreise waren, als Söldner. Diese erwiesen sich im Widerstand gegen die Sarazenen als derart erfolgreich, so dass immer mehr Söldner aus der Normandie angeworben wurden. Darüber hinaus wanderten auch normannische Freischärler zu. Im Kontext der zunehmenden Auseinandersetzungen zwischen den lokalen langobardischen und byzantinischen Machtbereichen gelang es den auf allen Seiten

*P Zur Frage des Zweifels an der Echtheit der Reliquien mit Blick auf die erst 2017 elektromagnetisch aufgefundenen Hohlräume unterhalb der Basilika aus dem 6. Jhd. mit ungeöffnetem Schrein s.o. S.14

kämpfenden Normannen, sich als eigenständige lokale Kräfte zu etablieren, die sich schließlich zusammenschlossen und nach und nach ganz Süditalien einschließlich Sizilien und Malta unter ihre Herrschaft brachten. Über die heimkehrenden Jerusalem-Pilger sowie über die vielfältigen normannisch-süditalienischen Verbindungen gelangte die Nikolaus-Verehrung auch in die Normandie, wo sich diese bereits im 11. Jhd. etablieren konnte – ein Prozess, der sich nach der Übertragung der Reliquien nochmals erheblich verstärkte. Zur Popularität der Nikolaus-Verehrung bei den Normannen dürfte nicht zuletzt das Patronat des heiligen Nikolaus für die Seefahrer beigetragen haben.

Zugleich unterlag Byzanz, das seit 1046 an seiner Ostflanke in Kämpfe verwickelt war, 1071 in der Schlacht bei Manzikert den türkischen Seldschuken, die sunnitische Muslime waren und zu jener Zeit ein weit bis nach Asien sich erstreckendes Großreich begründet hatten. Die Seldschuken gingen nach dem Sieg über Byzanz grausam gegen die lokale Bevölkerung vor und fielen auch in Lykien ein. Die Bevölkerung von Myra floh in die Berge.

Kaufleuten aus Bari gelang es, die verehrten Nikolaus-Reliquien auf ihr Schiff zu holen, um diese vor den Seldschuken in Sicherheit zu bringen. Der Benediktinermönch Nicephorus hat das Geschehen der Reliquienübertragung in einer sehr narrativ gehaltenen Darstellung überliefert.[73] Demnach gingen 47 der Seefahrer aus Bari von Bord und kamen nach Myra, um die Reliquien zu holen, während die übrigen die Schiffe sicherten. Nur mit Waffengewalt gelang es ihnen schließlich, die Reliquien an sich zu bringen, die von vier Wächtern gesichert wurden. Den Sarg voller Myron-Öl und die sog. wundertätige Nikolaus-Ikone ließ man bei den Einwohnern zurück. Die wundertätigen Ikonen galten im Osten als das, was man im Westen den Reliquien zuschrieb. Die Erzählung des Nicephorus erscheint durchwegs stilisiert. Demzufolge würde die Übertragung auf

Geheiß Gottes und des heiligen Nikolaus selbst durchgeführt. Historische Verhältnisse wie die Sicherung der Heiligenreliquien vor den Seldschuken und die Tatsache, dass die Bewohner von Myra wohl großenteils vor den mordenden Seldschuken in die Berge geflohen waren, treten hinter den Narrativ der Erzählung zurück.

Die Nikolaus-Reliquien trafen an einem Sonntag, dem 8. Mai 1087, in Bari ein, ein Termin, der in Bari fortan als zweites Nikolaus-Fest neben dem 6. Dezember begangen wurde. Zunächst beherbergte man die Reliquien unter Bewachung in der Klosterkirche. Nicephorus nennt 47 spontane Krankenheilungen bis zum Folgetag, und nochmals 23 am Tag darauf. Der abwesende, rasch nach Bari zurückkehrende Erzbischof der Stadt wollte die Reliquien in die Kathedrale bringen lassen. Die beiden Parteien gingen gewaltsam gegeneinander vor, und jede Seite erlitt ein Todesopfer. Man konnte den Streit jedoch lösen und stellte die Reliquien in der Eustatiuskirche auf bis zur Errichtung einer neuen, prächtigen Nikolaus-Kirche, deren Bau durch zahlreiche Schenkungen insbesondere durch den Normannenherzog Roger vorangetrieben wurde.

Die Ankunft der Nikolaus-Reliquien in Bari und ihre dortige Aufbewahrung stellte für die mittelalterliche Welt ein wirkliches Großereignis allerersten Ranges dar, dessen Kunde sich rasch über ganz Europa verbreitete und das in aller Munde blieb, wie Nicephorus berichtete. Geistliche und weltliche Adelige eilten zur Wallfahrt. Bari wurde neben Rom, Santiago und Aachen zu einem der bedeutsamsten Pilgerziele im Westen, von dem aus sich die Nikolaus-Verehrung, die nunmehr auch im Westen die Volksfrömmigkeit erfasste, wellenartig über ganz Europa ausbreitete.

Bari, dessen Nikolaus-Kirche zu einer der angesehensten Kirchen des Kontinents aufstieg, war rasch derart bedeutsam geworden, dass Papst Urban II. für 1098 ein Konzil nach Bari einberief, dessen Sitzungen mit 185 Teilnehmern in der Krypta der Nikolaus-Kirche stattfanden. 1105 wurde die Nikolaus-Kirche exempt und dem Hl. Stuhl direkt unterstellt. Can. 12 der Dokumente des I. Laterankonzils von 1123 nannte die Nikolaus-Kirche in Bari als eine von nur fünf Altären ausdrücklich beim Namen. Dies erfolgte im Kontext mit dem Verbot, Opfergaben vom Altar zu entwenden, was auf einen florierenden Wallfahrtsbetrieb in Bari hinweist. 1137 feierte Papst Innozenz II. in Gegenwart von Kaiser Lothar und von Bernhard von Clairvaux in Bari die heilige Messe. Auch für viele Kreuzfahrer führte ihr Weg über Bari, was den Prozess der Verbreitung der Nikolaus-Verehrung zusätzlich verstärkte.

Die Ankunft und Verehrung der Nikolaus-Reliquien in Bari bewirkte eine immense Zunahme der Popularität des heiligen Nikolaus, dessen Verehrung nunmehr auch in der tatsächlichen religiösen Praxis breiter Bevölkerungsschichten in Mitteleuropa angekommen ist.

War die Nikolaus-Verehrung in der Normandie aufgrund der normannischen Machtübernahme in Süditalien und des kulturellen Austauschs zwischen beiden Gebieten bereits vor 1087 stärker verbreitet als in anderen Regionen Mitteleuropas, so weitete sich die Nikolaus-Verehrung nach dem Großereignis der Übertragung der Reliquien und mit der schlagartig zunehmenden Popularität des heiligen Nikolaus auch in der Normandie und in den angrenzenden Regionen nochmals aus. Die Ausbreitung erfolgte entlang der Seine und ihrer Nebenflüsse sowie entlang der Handelswege im Seinegebiet. Ebenso erfolgte die Ausbreitung in der Provinz Anjou von ihrer Hauptstadt Angers aus sowie in den angrenzenden Regionen Maine und Touraine. Im Jahr 1096 weihte Papst Urban II. die Nikolaus-Klosterkirche in Angers und kurz darauf einen Friedhof in Torr zu Ehren des heiligen Nikolaus.[74]

Von lokalen Zentren der Nikolaus-Verehrung wie in Angers ausgehend, entstanden weitere Verehrungsstätten d.h. Kirchen und Kapellen im Umland. Einem ähnlichen Muster folgte die Verbreitung der Nikolaus-Verehrung insbesondere auch in Lüttich/Flandern, wo bereits Nikolaus-Kirchen bestanden, sowie in Köln und Trier, im Elsaß und in der Westschweiz.

In Saint-Nicolas-du-Port entstand um die Fingerreliquie des heiligen Nikolaus, die seit 1065 in der Abtei Gorze aufbewahrt worden war, im 12. Jhd. die größte französische Nationalwallfahrt.

Eine Synode von Oxford 1222 setzte den Gedenktag des heiligen Nikolaus, der für den 6. Dezember erstmals in Neapel zwischen 821 und 842 belegt ist, im liturgischen Sinn als Fest erster Klasse fest.

Auch in den bisherigen Kerngebieten der Nikolaus-Verehrung entstanden zahlreiche weitere Nikolaus-Kirchen. In Süditalien und Sizilien kamen in den beiden auf die Übertragung folgenden Jahrhunderten nochmals etwa 75 Nikolaus-Kirchen hinzu, im Rom etwa 50.[75]

Karl Meisen hat den Prozess der Ausbreitung nachgezeichnet und alle Stätten der Nikolaus-Verehrung bis zum Jahr 1500 in Europa kartographiert. Dabei werden 2.143 Stätten namentlich aufgeführt, eine Größenordnung, welche die breite Verehrung für den heiligen Nikolaus sichtbar macht, die dieser während des Mittelalters im Westen erlangte.[76]

Kapitel 7

Bildhafte Darstellungen des heiligen Nikolaus

Die tatsächliche Verehrung für die Heiligen führte gleichermaßen zu einer ikonenbildhaften sowie zu einer textlich-erzählerischen Ausmalung ihrer Viten mit den für sie bezeichnenden großen Taten. Dies trifft auch auf den heiligen Nikolaus zu, der insbesondere zur Zeit des Bilderstreits auf Seiten der Bilderfreunde große Verehrung zuteil wurde. So sind über die alte Prãxis von der Rettung der drei Offiziere hinaus nicht nur weitere Prãxis-Erzählungen entstanden, sondern der heilige Nikolaus wurde vor, während und nach dem Bilderstreit vielfach und vielfältig ins Bild gesetzt.

Ikonendarstellungen

Die früheste erhaltene Ikone mit der Darstellung des heiligen Nikolaus stammt aus der Zeit des 7./8. Jhd. und hat den Bilderstreit (726-843) überstanden, in dessen Auseinandersetzungen fast alle Ikonen zerstört wurden. Die Ikone befindet sich in der Sammlung des Katharinenklosters, der auf einer Höhe von 1585 m ü. N.N. befestigten Klosteranlage am Berg Sinai aus der Zeit Kaiser Justinian I., die als Kernkloster sowie als Rückzugsmöglichkeit zum Schutz der in dieser Region verbreitet lebenden (Einsiedler-)Mönche 548/565 errichtet worden war. Unter den heutzutage mehr als 2.000 Ikonen im Katharinenkloster befinden sich auch einige jener wenigen Ikonen, die die Zeit des Bilderstreits überstanden haben. Dieser Umstand ist sowohl dem konstant trockenen Klima vor Ort, seiner abgeschiedenen Lage sowie der befestigten Anlage zu verdanken. Ein (unechter?) Brief Mohammeds, welcher der Überlieferung nach vor der Zeit seines öffentlichen Auftretens mehrmals im Katharinenkloster zu Gast gewesen sein soll, sprach eine Garantie für den Fortbestand des Klosters aus, die von späteren islamischen Herrschern respektiert worden ist. So blieb das Kloster einschließlich der Ikonen erhalten.[77]

Die Darstellung des heiligen Nikolaus aus dem 7./8. Jhd. ist Teil eines Diptychons, das Nikolaus zusammen mit den hll. Petrus, Paulus und Johannes Chrysostomos zeigt. Charakteristisch für die Darstellung aus der Zeit vor dem Bilderstreit sind die sehr groß gezeichneten Augen des Nikolaus, sein langer Bart und die Darstellung der Kreuze auf dem gelappten Homophorion, einem über die Schultern gewundenen Wolltuch als Symbol für das wiedergefundene Lamm auf den Schultern Jesu Christi, des Guten Hirten (analog zum Pallium in der lateinischen Kirche). Nikolaus hält mit seinem linken Arm mit sichtbarer Hand ein Evangeliar, die rechte Hand ist mit Gestus leicht zum Segen erhoben. Die Darstellungsweise hat Ähnlichkeit mit jener eines byzantinisch-griechischen Philosophen.

Eine andere Ikone im Katharinenkloster aus dem frühen 9. Jhd. zeigt Nikolaus zusammen mit dem heiligen Sinai-Mönch und Bischof Zosimas von Babylon. Die Augen erscheinen nun nicht mehr übermäßig vergrößert, sondern in Normalmaß, der Bart steht kurz, der Haaransatz ist zurückgenommen, so dass eine höhere Stirn sichtbar wird. Die linke Hand bleibt nun unter dem Homophorion verborgen, während auf dem linken Arm das Evangeliar aufruht, auf das die Finger der rechten Hand gewissermaßen hindeuten.

Änderungen in der Darstellung erscheinen insofern bemerkenswert, als in der Ikonenmalerei das Bildnis eines jeden Heiligen jeweils festen Normierungen unterliegt, in welcher Gestalt der betreffende Heilige darzustellen ist. Die Ikone stellt nämlich keineswegs in erster Linie ein Kunstobjekt dar, sondern sie ist Repräsentant der fortwährenden Gegenwart des betreffenden Heiligen, der nun bei Gott im Himmel verherrlicht ist. Die Ehrerweisung, die der Ikone entboten wird, bedeutet daher eine Ehrerweisung an die Person des Heiligen selbst, dessen Gegenwart in der Ikone repräsentiert ist, so wie es auf dem Zweiten Konzil von Nicäa im Jahr 787 definiert wurde. Die Normierung der Darstellung diente dazu, die Identität der Person des Heiligen in der Darstellung unabhängig vom jeweiligen Ikonenmaler zu bewahren. Die sich verschiebende Darstellungsweise des heiligen Nikolaus ist also nicht nur den Präferenzen einzelner Künstler geschuldet, sondern zeigt den sich verändernden Blick der Tradition. Im Fall des heiligen Nikolaus ist die Darstellungsweise zu jener Zeit also noch nicht abschließend normiert.

Einen weiteren Akzent in der Nikolaus-Ikonographie hat insbesondere eine Ikone des 10. Jhd. aus Konstantinopel gesetzt, die Nikolaus auf dem Rahmen umgeben von Medaillons mit Christus und zehn Heiligen zeigt. Diese Medaillons zeichnen sich durch ihre leuchtenden Farben aus, wie sie bei der Zellenschmelztechnik charakteristisch sind. Die Darstellung des heiligen Nikolaus zeigt die für ihn typisch gewordene Frisur mit der einen nach vorne ragenden Locke in der Mitte, die ein wenig gekrümmte Linienführung in seinem kurzen Bart, die Darstellung der Kreuze auf dem Homophorion. Die Finger der rechten Hand, allesamt ungekrümmt und in lockerer Haltung, zeigen einen Hinweis auf das Evangeliar auf dem linken Arm angedeutet. Die Ikone zeigt das früheste erhaltene Bild des heiligen Nikolaus im Format eines Portraits, nachdem ältere Bildnisse diesen stets von Kopf bis Fuß dargestellt hatten. Ein Ausschnitt aus dieser Ikone ohne Rahmen ist als Titelbild des vorliegenden Buches wenn auch graphisch bearbeitet dargestellt.

Die Portraitdarstellung nach dem Vorbild dieser Ikone erlangte große Popularität und erhielt eine prominente Position auf der Ikonostase, in der Stellung an vierter Stelle nach Jesus Christus, der Gottesmutter Maria und Johannes dem Täufer, was die überaus hohe Wertschätzung zum Ausdruck bringt, die der heilige Nikolaus zu jener Zeit im kirchlichen Leben des Ostens sowie in der Volksfrömmigkeit erlangt hatte.

Insgesamt erscheint die Gestalt des heiligen Nikolaus auf dieser Ikone aus dem 10. Jhd. noch recht naturalistisch, bevor im 11. Jhd. die Ikonenmalerei in der Ostkirche durch Standards in den Malschulen verstärkt normiert worden ist und die Ikonendarstellungen fortan stilisierter gerieten.

Diese Normierung in der Ikonenmalerei ging einher mit einer gewissen Normierung des Kanons der Heiligen zu jener Zeit. In offiziellen Sammlungen wurden Heiligenviten zusammengestellt, so dass diese Lebenserzählungen zu einer gewissen Fixierung und Abgeschlossenheit gelangten, neue Erzählungen nun also kaum mehr entstehen konnten. Zugleich ergab sich eine Fixierung, welche Heiligen in diese Vitensammlungen aufgenommen worden sind. Die praktische Normierung in der Ikonenmalerei zu jener Zeit brachte einen eher stilisierten Darstellungstypus der Figuren mit größerer geometrischer Strenge mit sich. Dabei rückten neben dem Portrait verstärkt auch Darstellungen von Szenen aus der Vita des Heiligen in den Fokus.

Eine im Katharinenkloster erhaltene Portrait-Ikone aus dem 12. Jhd. zeigt diese Verschiebung bei der Ikonenmalerei des Nikolaus-Portraits, die sich für die kommenden Jahrhunderte als maßgeblich erweisen sollte. Das Erscheinungsbild des heiligen Nikolaus vermittelt nun einen asketischen und strengen, fast schon ungerührt-statischen Eindruck. Dieser ergibt sich insbesondere aus der Darstellung des Gesichts: leicht gerunzelte hohe Stirn mit zurückgenommenem Haaransatz und den ergrauten Haaren eines Mannes in hohem Alter, der ungerührte strenge Blick geradeaus, die asketisch anmutenden etwa eingefallenen Wangen und eine strenge, fast schon hängende Mundpartie, deren Ausdruck durch den Verlauf des Bartes unterstrichen wird. Die Finger der rechten Hand sind nun zum formalen Segensgestus geformt, die Hand mit Zeige- und Mittelfinger vertikal aufgerichtet. Somit ergibt sich für den Betrachter der Ikone die Situation, als ob er vor dem altehrwürdigen, Ewigkeit atmenden Nikolaus steht, von dem er aktuell den bischöflichen Segen empfängt, gleichsam auffordernd, sich zu bekreuzigen.

Das Portrait des heiligen Nikolaus auf dieser Ikone wird ergänzt durch Miniaturdarstellungen Jesu Christi und der Gottesmutter Maria, die rechts und links den Kopf des Heiligen flankieren. Jesus Christus präsentiert das Evangeliar, genau jenes, welches Nikolaus nur größer gemalt auf seinem Arm trägt, so dass die apostolische Kontinuität des Nikolaus und des durch ihn verkündeten Evangeliums auf Jesus Christus selbst zurückgehend unterstrichen wird. Maria präsentiert das Homophorion, das Zeichen für den Guten Hirten, den Nikolaus in seinem bischöflichen Wirken zeit seines Lebens verwirklicht und sich zueigen gemacht hat, so dass er Christus, dem Guten Hirten, nachgefolgt und darin gleichförmig geworden ist, wofür er nunmehr verehrt wird.

Die zweite Verschiebung, jedoch im Sinne einer Erweiterung, zeigt eine weitere Ikone aus dem Katharinenkloster aus dem 11. Jhd. Ähnlich den szenischen Miniaturen in den Manuskripten aus jener Zeit und der Buchmalerei wurden neben den Portraits nun auch Szenen aus den Vita-Erzählungen der Heiligen einschließlich der Wundererzählungen, die in den Sammlungen niedergeschrieben wurden und wie sie auch in den Vorgaben der Malbücher Niederschlag fanden, ins Bild gesetzt. Die szenische Ikone aus dem 11. Jhd. als erhaltenes Teil eines Triptychons zeigt unterhalb der thronenden Maria zwei klein dargestellte Szenen aus der Nikolaus-Vita, nämlich seine Ordination zum Presbyter sowie zum Bischof sowie darunter zwei Szenen aus der Prãxis von der Rettung der drei Offiziere und zwei Szenen vom Tod des Nikolaus. Zusammen mit den verlorenen beiden anderen Flügeln könnte das Triptychon insgesamt ca. 20 Szenen aus der Nikolaus-Vita dargestellt haben.

Handschriften, Glasfenster und Malerei

Über die Ikonen hinaus, deren Tradition in der Folgezeit Bestand hatte, wenngleich regionale Eigenheiten hinzutraten, ist der heilige Nikolaus auch kalligraphisch auf Handschriften, auf liturgischen Gewändern, in Glasfenstern, auf Altarbildern und figürlich vielfältig dargestellt worden. Aus den Szenen, welche die Nikolaus-Viten und Wundererzählungen ins Wort gesetzt haben, sind es insbesondere die Prãxis von der Rettung der drei Offiziere und die Prãxis von den drei Töchtern, die aufgrund ihrer Bekanntheit und ihrer besonderen Bedeutung in der Nikolaus-Verehrung zum Motiv dieser vielfältigen Illustrierungen geworden sind.

Zu den ältesten bildhaften Zeugnissen gehört die Darstellung der Prãxis von den drei Töchtern im rechten Seitenschiff der Kirche Santa Maria Antiqua in Rom aus dem 9. Jhd. Erhalten ist allerdings lediglich ein Fragment, das drei Frauen zeigt, die aus einem Fenster herausblicken. Zusammen mit den Buchstaben »OLA« auf dem Fragment, als Teil des Namens Nik**ola**us interpretiert, wurde die Darstellung der Nikolaus-Erzählung zugeordnet.

Mit die ältesten Bildzeugnisse finden sich im Bereich der Miniaturmalerei. In einer Pergamenthandschrift um 1162 aus Kloster Zwiefalten auf einer Seite mit neun Bildern zum Martyrologium des Monats Dezember ist im ersten Bild oben links Nikolaus dargestellt, wie er nachts vor dem im Bett liegenden Kaiser Konstantin erscheint. Im Hintergrund sind die drei inhaftierten Offiziere dargestellt, jeweils mit einem Fuß im Block eingeschlossen.[78]

Eine Handschrift der »meditationes et orationes« des Anselm von Canterbury aus der Mitte des 12. Jhd., die sich im Stift Admont befindet, enthält eine halbseitige Federzeichnung, in deren Mitte Nikolaus mit Bischofsstab steht, auf den drei Männer zugehen, die gemäß ihrem Spruchband dem Tod geweiht waren und durch Nikolaus gerettet worden sind. Neben der Prãxis von der Rettung der Offiziere sind auch die geretteten Seeleute dargestellt.

Eine ebenso aus der Zeit um 1180 stammende Handschrift u.a. mit Heiligenviten aus der Abtei Lambach[79] illustriert die Nikolaus-Vita anhand von vier Szenen, neben dem Säuglingswunder und der Bischofsweihe sind die Rettung der Seeleute und die Rettung jener drei unschuldig Verurteilten dargestellt, denen Nikolaus zu Hilfe eilt und dem Henker Einhalt gebietet, wovon die Prãxis von den drei Offizieren im vorderen Teil erzählt.

Eine der frühesten Darstellungen aus der Nikolaus-Vita in Glasfenstern aus dem Ende des 12. Jhd. findet sich in einem Chorfenster in Civray (Tour).

Unter den Glasfenstern in der Kathedrale von Chartres aus dem 12./13. Jhd. ist eines der Fenster der Darstellung der ganzen Nikolaus-Vita in zahlreichen Miniaturbildern gewidmet. Eine Darstellung zur Prãxis von den drei Töchtern findet sich zudem in einem Feld auf einem Fester der unteren Reihe; ein Fenster der oberen Reihe zeigt gleich zwei Szenen, nämlich wie Nikolaus das Gold durch das Fenster des Vaters wirft und wie der Vater dem Heiligen danksagt.

In der Apsis der Kathedrale von Tours bringt eines der 15 Fenster aus der Zeit um 1265 die Nikolaus-Vita insgesamt anhand der einschlägigen Szenen zur Darstellung. Darüber hinaus illustrierten in vielen weiteren Kirchen Glasfenster ausgewählte Szenen aus der Nikolaus-Vita, so etwa in der Kathedrale von Bourges. Den Glasfensterdarstellungen kam eine wichtige Bedeutung zu insbesondere für jenen Großteil der mittelalterlichen Bevölkerung, der des Lesens nicht mächtig war und der in den Glasfenstern die Inhalte des Glaubens schauen konnte. Die relativ häufigen Nikolaus-Darstellungen unterstreichen die große Bedeutung dieses Heiligen im religiösen Leben der Bevölkerung jener Zeit.

1301/02 malte Giotto di Bondone auf einer der Tafeln des Badi-Polyptychons den heiligen Nikolaus im erweiterten Portrait d.h. den ganzen Oberkörper abbildend. Die Gestalt des heiligen Nikolaus zeigt den Übergang zwischen der byzantinischen Darstellungsweise (vgl. Ikonen) und der Darstellungsweise als Bischof der lateinischen Kirche im Westen. Der linke Arm ist wie bei den Ikonen noch fast rechtwinklig gebeugt, wobei das Evangeliar mit der sichtbaren Hand gehalten wird. Auch der rechte Arm ist angewinkelt, die rechte Hand steht noch auf der Höhe des früheren Segensgestus, nunmehr ohne diesen Gestus, sondern an dieser Position den Bischofsstab haltend. Das Gesicht erscheint noch asketisch schmal, der Bart altehrwürdig weiß, wobei der Kopf mit einer westlichen Mitra bedeckt ist.

Die spätmittelalterliche und Renaissance-Malerei entdeckte die beliebten Motive insbesondere aus der Prãxis von der Rettung der drei Offiziere für sich. Um 1368/69 malte der Florentiner Tommaso di Stefano, wegen seiner künstlerischen Verwandtschaft mit Giotto »Giottino« genannt, in der Unterkirche von Assisi drei Szenen aus der »Prãxis«: von der Rettung der drei unschuldig Verurteilten, indem Nikolaus den Arm des Henkers hält, die nächtliche Erscheinung des Nikolaus vor dem liegenden Kaiser Konstantin und ein Motiv der Danksagung der drei Erretteten an Nikolaus.

Insbesondere das Motiv der Errettung der drei Verurteilten erfreute sich bei den Malern großer Beliebtheit. Darzustellen, wie der heilige Nikolaus den Henker aufhält, der bereits mit dem Schwert ausgeholt hatte, schien den Kern der religiösen Verehrung für Nikolaus als Retter in höchster Not überaus treffend anschaulich zu machen. Lorenzo di Niccolò, Frau Angelico, Francesco Pesellino oder auch Benedetto Bonfigli haben diese Szene ins Bild gesetzt.

Auch die Prãxis von den drei Töchtern, die Nikolaus als Helfer und Geber zeigt, wurde vielfach künstlerisch ausgemalt: u.a. von Ambrogio Lorenzetti, Agnolo Gaddi, Francesco Pesellino, Fra Angelico, Lorenzo di Bicci oder von Lorenzo di Pietro. Seltener hingegen sind die Erzählungen von der Rettung der Seeleute und von den Kornschiffen dargestellt worden, erstere von beiden eher in Regionen mit ausgeprägter Seefahrt.

Derart lokale Akzentuierungen in der Nikolaus-Verehrung sowie unterschiedliche Maltraditionen und zeitbedingte Momente führten zu einer Vielzahl von Darstellungen des heiligen Nikolaus. In besonderer Weise wird deutlich, wie sich das Erscheinungsbild eines Bischofs in der Westkirche des Mittelalters von jenem des östlichen Ikonenmotivs gänzlich unterschieden hat. Seit dem 11. Jhd. hat sich die Mitra im Westen als liturgische Kopfbedeckung des Bischofs etabliert wie auch der Bischofsstab (»Krummstab«), der, insbesondere seit dem Investiturstreit, von den Äbten der Klöster als Hirtenzeichen auf die Bischöfe übergegangen ist. Stab und Mitra prägten daher die Nikolaus-Darstellungen im Westen.

Ausblick: Spätere Entwicklungen

Nach einer Epoche der Blüte der Nikolaus-Verehrung führte das Ende des Mittelalters zu einschneidenden Veränderungen. Das klassische Weltbild wurde erschüttert. Der Fokus der Aufmerksamkeit der Gesellschaft verlagerte sich von der himmlischen Ewigkeit auf die irdische jetzt-Zeit, vom Jenseits aufs Diesseits, von Gott mit seinen Heiligen auf die Menschen mit ihren Problemen. Die Nikolaus-Verehrung aber gehörte zu ersterem. Sie konnte nur noch in engeren Grenzen, im sakralen Raum des Glaubens fortbestehen, während sie außerhalb dieses Sakralbereiches sich teilweise als obsolet erledigt hatte oder in eine säkularisierte Kultur assimiliert wurde.

Im Osten endete mit der Eroberung Konstantinopels durch die Osmanen im Jahr 1453 die mehr als 1100 Jahre währende byzantinische Epoche mit ihrer prächtigen und sakralen Kultur, in der die Nikolaus-Verehrung ihren Platz hatte. Im Westen zerbrach durch die Naturwissenschaft nicht nur das alte Weltbild, sondern durch die Reformation 1517 auch die Einheit der lateinischen Kirche. Die Reformatoren lehnten Papsttum und kirchlich-hierarchische Jurisdiktion, Amtspotestas und Wandlungsverständnis in der Feier der Eucharistie, gängige Frömmigkeitsformen wie die Heiligenverehrung sowie die damit verbundene Bilderverehrung und den Reliquienkult strikt ab. Deren abergläubische Auswüchse erschienen greifbar und die Vermischung einer Verehrung von Menschen mit der Anbetung Gottes sowie die Überlagerung der alleinigen Mittlerschaft Christi durch menschliche Mittler liefen nach ihrem Verständnis dem christlichen Glauben im biblischen Sinn zuwider (Confessio Augustana von 1530; Schmalkaldische Artikel von 1537).

Die reformatorischen Kirchen tilgten mit jeder Form von Heiligenverehrung auch den Kult um den heiligen Nikolaus. Dies betraf nicht nur den Bann der Anrufung um Fürbitte, sondern auch kulturelle Bräuche wie das Kinderbischofsspiel oder die Feier des Nikolausabends mit Geschenken. Letztere wurden als Geschenke für den heiligen Christ auf das Weihnachtsfest übertragen. Im 17. Jhd. wurde das Begehen von Nikolausbräuchen in vielen protestantischen Gebieten verboten.

Auch auf römisch-katholischer Seite wurde die Nikolaus-Verehrung wenn auch nicht grundsätzlich, so aber doch de facto verdrängt. Die Gegenreformation setzte den Fokus auf moderne Heilige wie z.B. der Jesuit Ignatius von Loyola (heiliggesprochen 1622) oder Karl Borromäus (heiliggesprochen 1610), die den aktuellen Gegebenheiten näherstanden, sei es im Kampf gegen den Protestantismus, sei es in der Mission in fernen Ländern wie der Jesuit Franz Xaver.

Die Aufklärung unterwarf das, was abseits von der sakralen Nikolaus-Verehrung im Brauchtum regional übriggeblieben war, wie die Feier des Nikolaus-Abends, ihren eigenen Maximen. So führte die Aufklärung zur Pädagogisierung des Nikolaus und machte ihn zum Vollstrecker für Lohn und Strafe für brave und böse Kinder. Nikolaus kam, um die Kinder zu examinieren. Ihm zur Seite rückte ein Begleiter, je nach Region als Knecht Ruprecht, als Krampus oder »Zwarte Piet«, der oftmals für das Böse stand, zuweilen aber auch das Verteilen der Geschenke selbst übernahm. Im »Struwwelpeter« (1844) begegnet »Nikolas«, mit Zipfelmütze und im roten Schlafrock gezeichnet, als profane bürgerlich-moralische Person, der die drei bösen Buben, die einen Schwarzen auslachen und die Ermahnungen ignorieren, in ein übergroßes Tintenfass eintunkt, auf dass diese selbst schwarz werden.

Fortschreitende Profanisierung und Säkularisierung brachten die verbliebene Kulturgestalt des Nikolaus oder was davon übrig war mit Sagengestalten wie Zwergen oder Väterchen Frost in Verbindung.

In den USA entstand im 19. Jhd. aus der Person des Nikolaus heraus die Figur des Weihnachtsmannes. Niederländische Siedler hatten die jährliche Feier des Sinterklaas nach Amerika mitgebracht. 1821 erschien Nikolaus in roter Gewandung zum Gedicht »The Children's Friend«. 1823 wurde zum Gedicht »A Visit from St. Nicholas« ein kleiner, dicklicher Mann gezeichnet, dessen Bauch beim Lachen pulsierte. Am 3. Januar 1863 publizierte Thomas Nast, einer der führenden Zeitungszeichner der USA mitten in der Zeit des Bürgerkriegs (1861-65) in der Illustrierten »Harper´s Weekly« eine Figur, die den Soldaten draußen auf den Schlachtfeldern zu Weihnachten Geschenke bescherte, dessen Gestalt, gut patriotisch gekleidet mit Streifen auf seiner Hose und Sternen auf seiner Pelzjacke, zugleich am holländischen »Sinterklaas« sowie am pfälzischen »Belzenickel«, dem Nikolausbegleiter, orientiert war – Nast stammte aus Landau/ Pfalz. In der Folge fertigte Nast zahlreiche Zeichnungen des Weihnachtsmannes, der sich in den USA rasch etablierte. Nast malte einen pfeiferauchenden Mann im Greisenalter, nunmehr im roten Mantel mit Zipfelmütze, der mit seinem großen weißen Bart, den roten Wangen und glänzenden Augen sein ganz eigenes Mysterium verkörperte, der Spielzeug produzierte und als Geschenke brachte. Mit dieser überaus populär gewordenen Figur war ein Weihnachtsmann geschaffen, der sich im bürgerlichen Weihnachtsbrauchtum Amerikas rasch etablierte und dem schließlich eine Ms. Claus zur Seite trat.

Von 1931-1964 war es Haddon Sundblom, der einen solchen Weihnachtsmann als Werbeträger für Coca Cola zeichnete, eine Figur, die zusammen mit der Marke mittels Produktwerbung von Amerika aus die Welt eroberte.

Jenseits der Profankultur ist für die Feier des Nikolaus als Heiligen in der römisch-katholischen Kirche insbesondere die liturgische Verehrung am 6. Dezember geblieben. Dieses Gedenken wird seit der Liturgiereform mit der neuen Grundordnung des Kirchenjahres seit 1970 allerdings nur noch als »nicht gebotener Gedenktag« (»g«) begangen, der liturgisch gefeiert werden kann, aber nicht gefeiert werden muss. Für die orthodoxen Kirchen hingegen ist Nikolaus einer der zentralen Heiligen geblieben, dessen Ikone weiterhin ihren prominenten Platz einnimmt.

Anmerkungen

[1] Hild, Friedrich: Lykien in den notitiae Episkopatuum, in: Jahrbuch der Österreichischen Byzantinistik 54 (2004) 1-17, 2. http://www.austriaca.at/0xc1aa5576%200x0005a484.pdf

[2] Anrich Bd. II 301

[3] vita per Michaelem, c. 25-27

[4] Enkomion des Methodius, c. 15,6

[5] Codex Marcianus gr. 917 [344], Blätter 1r-136v

[6] Der Heilige Nikolaus, Bari 1990, 35-49

[7] Anrich Bd. II 301

[8] Cioffari, Gerardo: S. Nicola nella critica storica. Le fonti, la vita, la letteratura, Bari 1987, 14-16

[9] Hild a.a.O.

[10] Das Martyrium des Polykarp, übersetzt und erklärt von Gerd Buschmann, Göttingen 1998; Mart.Pol. auch in BVK: https://www.unifr.ch/bkv/kapitel1680.htm

[11] Schumacher, Thomas: Bischof – Presbyter – Diakon. Geschichte und Theologie des Amtes im Überblick, München 2010, 30-36

[12] Polykarp von Smyrna, epistula 9

[13] Martyrium des hl. Polykarp, c.17

[14] Markschies, Christoph: Das antike Christentum: Frömmigkeit, Lebensformen, Institutionen, München 2017, Anm. 216; Art. Heilige/Heiligenverehrung III in: TRE 14 649

[15] Diefenbach, Steffen: Römische Erinnerungsräume. Heiligenmemoria und kollektive Identität im Rom des 3. bis 5. Jahrhunderts n. Chr. (Millennium-Studien zu Kultur und Geschichte des ersten Jahrtausends n. Chr., 11), Berlin / New York 2007; 24

[16] Eusebius von Cäsarea: Vita Constantini 4,23

[17] Z.B. Synode von Gangra in Paphlagonien (340/370): can. 20 gegen Eustathios, der einen Märtyrerkult ablehnte; Synode von Laodikeia in Phrygien (um 360): Unterscheidung zwischen echten Märtyrern für Christus und Pseudomärtyrern aus häretischen Kreisen (can. 34) sowie Regelungen zur Eucharistiefeier an Märtyrergedenktagen in der Fastenzeit (can. 51); vgl. Art. Heilige/Heiligenverehrung III in: TRE 14 660

[18] Cyprian von Karthago: epistula 12,1-2

[19] Johannes Chrysostomos: homilia 11,3

[20] Gernhöfer, Wiebke: Roms Heilige in der Spätantike: Märtyrer, Bischöfe und Kirchenstifter, in: Gemeinhardt, Peter (Hg.): Heilige, Heiliges und Heiligkeit in spätantiken Religionskulturen, Berlin 2012, 179-204

[21] Heinzelmann, Martin: Neue Aspekte der biographischen und hagiographischen Literatur in der lateinischen Welt (1.–6. Jahrhundert), in: Francia 1 (1973) 39

[22] http://www.katholisch.de/aktuelles/aktuelle-artikel/forscher-melden-grab-des-heiligen-nikolaus-entdeckt; https://www.spektrum.de/news/ist-hier-das-grab-vom-nikolaus/1508603

[23] Niketas von Paphlagonien Fol. 291 (Par. 1180)

[24] Niketas ebd.

[25] Niketas ebd.

[26] Anrich Bd. II 497-498; vgl. Fußn. 1 mt Referenz auf Vita compilata 6,8; Enkomion Methodii 33,25; 53,20; Vita per Michaelem 49

[27] Beck, Hans-Georg: Kirche und Klerus im Staatlichen Leben von Byzanz, in: Revue des études byzantines 24 (1966) 4-5

[28] Cod. Just. I, 55, 8; Belege nach Beck, a.a.O.

[29] Cod. Just. X, 27, 3

[30] Cod. Just. I, 4, 22-23

[31] Novelle XVII 7; CXXVIII 16

[32] Novelle CXXXIV 3; CXLIX, 1

[33] Novelle VIII 8; 9; 14; LXXXVI 1; 2; 4

[34] Novelle LXXXVI (CIII) 2

[35] Cod. Just. I, 11, 10

[36] Leppin, Hartmut: Von Constantin dem Großen zu Theodosius II. Das christliche Kaisertum bei den Kirchenhistorikern Socrates, Sozomenos und Theodoret, Göttingen 1996

[37] Anrich Bd. II 370

[38] Anrich Bd. II 30-41 führt die Handschriften, die den Kernbestand der Rez. I bilden, gelistet auf, bespricht ihre Verhältnisbestimmung und typologisiert diese. Dabei werden 9 Hss. für die Erstellung des Normaltextes präferiert (31-32). 31 weitere Hss. werden Rez. I zugeordnet (36-41), 4 Hss. werden Rez. II, 3 Rez. III, eine Rez. IV und 4 Hss. werden Rez. V zugeordnet (41-50).

[39] Anrich Bd. II 59

[40] Anrich Bd. II 449-454

[41] vgl. die schriftliche Bezeugung durch den Historiker Prokopios von Caesarea (ca. 500-562) im ersten von insgesamt 6 Büchern seines Werkes de aedificiis (I 6), welches die Bautätigkeit Justinians I. darstellt, wobei das erste Buch seiner Bautätigkeit in Konstantinopel gewidmet ist

[42] Anrich Bd. II 454-459

[43] Anrich Bd. II 396; 459

[44] Meisen, Karl: Nikolauskult und Nikolausbrauch im Abendlande, Düsseldorf 1931 (unveränd. Nachdruck Mainz 1981), 55-56.75-76.

[45] Vom ausströmenden Myron wird u.a. in den Viten des hl. Nikon sowie Konstantins des Juden erzählt

[46] zu Methodius ad Theodorum vgl. Anrich II 277-288, zum Enkomion Methodii vgl. Anrich II 288-298

[47] Anrich Bd. II 360-361

[48] Anrich Bd. II 364-366

[49] Anrich Bd. II 339-356

[50] Belege bei Anrich Bd. II 459-461

[51] Niketas von Paphlagonien Fol. 291 (Par. 1180)

[52] vgl. Kapitel 2, Abschnitt »Nikolaus ist der exemplarische Heilige«, S.13 f.

[53] Anrich Bd. II 465

[54] Zu diesem Abschnitt vgl. Schumacher, Thomas: Geschichte der Weihnachtsgeschichte. Ein historischer und theologischer Schlüssel, München 2012, 30-31; 91

[55] Anrich Bd. II 264-273

[56] Text der Vita per Michaelem in deutscher Übertragung bei Heiser, 58-79

[57] Schumacher, Thomas: Wort Gottes hören - verstehen - verkündigen. 15 exegesegerechte Bibelarbeiten zu ausgewählten Sonntagsevangelien (2011) 133-147

[58] Anrich Bd. II 292-296

[59] Symbolik analog zur Vita Symeons des Jüngeren

[60] Hild, Friedrich: Lykien in den notitiae Episkopatuum, in: Jahrbuch der Österreichischen Byzantinistik 54 (2004) 1-17 http://www.austriaca.at/0xc1aa5576%200x0005a484.pdf

[61] Text in Anrich Bd. I 211-233

[62] Text in Anrich Bd. I 3-55; zur Tradition des Nikolaus vom Sionskloster vgl. Anrich Bd. II 209-260

[63] Anrich Bd. II 122-123

[64] Meisen, a.a.O. 60-61

[65] Anrich Bd. II 414

[66] Anrich Bd. II 423

[67] Anrich Bd. II 429

[68] Meisen, a.a.O. 76

[69] http://bibliotheca-laureshamensis-digital.de/bav/bav_pal_lat_846?ui_lang=ger

[70] Meisen, ebd. 219-223

[71] https://www.heiligenlexikon.de/Legenda_Aurea/Nicolaus.htm

[72] Tontsch/Schreiner: Die Abteikirche St. Nikolaus und St. Medardus in Brauweiler. Baugeschichte und Ausstattung. Pulheim 1994

[73] Cod. Vat. lat. 6074, Blatt 5-10; dt. in Cioffari, Gerardo: Der Heilige Nikolaus, Bari 1990, 65-79

[74] Meisen, a.a.O. 505-526

[75] Meisen, a.a.O. 108-110

[76] Meisen, a.a.O. 126-171, zählt 2.137 Stätten und ergänzt 6 weitere

[77] zur Darstellung des heiligen Nikolaus auf den byzantinischen Ikonen vgl. Clare, St. Nicholas. His legends and iconography, 19-35

[78] Blatt 83^{r} des Cod.hist.fol.415 aus Zwiefalten, im Bestand der Württembergischen Landesbibliothek Stuttgart, digital verfügbar unter http://digital.wlb-stuttgart.de/sammlungen/sammlungsliste/werksansicht/?no_cache=1&tx_dlf%5Bid%5D=5438&tx_dlf%5Bpage%5D=1

[79] Blatt 2^{v} des Ms. theol. lat. qu. 140 [früher Lambach, Stiftsbibl., Cod. Membr. 93] im Bestand der Staatsbibliothek Berlin; digitalisiert verfügbar unter https://digital.staatsbibliothek-berlin.de/werkansicht?PPN=PPN838355358&PHYSID=PHYS_0006&DMDID=DMDLOG_0008

Literaturhinweise

Anrich, Gustav Adolf: Hagios Nikolaos: Der heilige Nikolaos in der griechischen Kirche ; Texte und Untersuchungen
Bd. 1: Die Texte, Leipzig 1913
online verfügbar: https://gdz.sub.uni-goettingen.de/id/PPN632244720?tify=%7B%22pages%22%3A%5B7%5D%7D
Bd. 2: 2: Prolegomena, Untersuchungen, Indices, Leipzig 1917
online verfügbar: http://gdz.sub.uni-goettingen.de/dms/load/img/?PID=PPN632245379

Clare, Edward G.: St. Nicholas. His legends and iconography, Florenz 1985

Heiser, Lothar: Nikolaus von Myra. Heiliger der ungeteilten Christenheit, Trier 1978

Kunze, Max; Völker, Heiko; Vollkommer, Rainer: Heiliger Nikolaus. Leben und Wirken des Nikolaos von Myra [Katalog zur Ausstellung in Vaduz], Ruhpolding 2014

Meisen, Karl: Nikolauskult und Nikolausbrauch im Abendlande. Eine kultgeographisch-volkskundliche Untersuchung, Düsseldorf 1931; Nachdruck (Quellen u. Abh. zur mittelrhein. Kirchengeschichte 41), Mainz 1981